Inhalt

	Zur Einführung
168	*Heiko Wulfert:* Meditation
	Essays
170	*Interview mit Dr. Christiane Stößel:* Ein Gespräch über Meditation
192	*Ingrid Vogel:* Was bewegt mich
203	*Horst Stephan Neues:* Meditation in der Bruderschaftswoche der Evangelischen Michaelsbruderschaft
211	*Udo Molinari:* Meditation – Achtsam leben
214	*Vortrag von Dr. Ulrich Ott:* Meditation aus psychologischer und neurowissenschaftlicher Perspektive
222	*Roger Mielke:* Blumengärtchen oder Museum?
231	*Wolfgang Max:* Zum unverfügbaren Gott beten
236	*Christian Schmidt:* Adolph Freiherr von Knigge »Über den Umgang mit Menschen«
	Rezensionen
238	*Heiko Wulfert:* Bertram Dickerhof, Innehalten an Grenzen – Grenzen überwinden. Eine Grundlegung der Meditation
239	*Roger Mielke:* Michael Heymel, Woran glaubst du? Evangelischer Glaube im Gespräch
242	*Heiko Wulfert:* Georg Bätzing, Rom ist kein Gegner. Warum die Kirche Reformen braucht
245	*Adressen*
246	*Impressum*

Meditation

von Heiko Wulfert

Foto: Archiv Wulfert

Die frühen Mönche nannte man auch Philosophen. In ihrer Abkehr von der Welt und der Suche nach Gott konnten sie an Traditionen der platonischen, stoischen und neuplatonischen Philosophie anknüpfen, zu denen auch Praktiken des Schweigens und der Konzentration gehörten[1]. Wenn der Mönchsvater Benedikt in seiner Regel mahnt, beim Singen der Psalmen Denken und Herz im Einklang mit der Stimme zu halten, setzt das eine Einheit gemeinsamen Atmens und Singens der versammelten Mönchsgemeinschaft voraus, die meditativen Charakter hat[2]. In den Exerzitien des Ignatius von Loyola spielt die Meditation eine wichtige Rolle.

Der Hesychasmus entdeckte in der Nachfolge von Evagrius Ponticus († 399), Makarius dem Ägypter (4. Jh.) und Diadochus von Photike († 486) das Herzensgebet. Seine Meditationsweise wird von den einen als Nabelschau verspottet, von anderen als Weg der Erleuchtung gepriesen[3]. Für die christliche Meditation bleibt das Herzensgebet von zentraler Bedeutung.

Nicht nur das Christentum kennt die Praxis der Meditation. Die Suche nach Gott bedient sich in vielen Religionen mediativer Praktiken. Das Judentum kennt die Meditation, auch außerhalb kabbalistischer Praxis, im Rahmen der täglichen Gebete. Im Islam ist es besonders die mystische Bewegung der Sufis, die Formen der Meditation üben. Wichtig für die christliche Meditationspraxis wurde die Begegnung mit dem Zen-Buddhismus[4].

In den Berneuchener Gemeinschaften hatte die Meditation von Anfang an eine große Bedeutung. Bei ihren Konventen sind die Tagzeitengebte, Evangelische Messe und Meditationszeiten feste Bestandteile. Diese Ausgabe des Quatember bietet somit

---

[1] Eusebius (hist. eccl. 2,17) gibt ein Beispiel dafür, wie fließend die Begriffe zwischen philosophischen und mönchischen Lebensgemeinschaften sind.

[2] Schon Cyprian schreibt: »Gott hört nicht auf die Stimme, sondern auf das Herz« (de oratione dominica 4).

[3] Vgl. Susanne Hausammann, Zur hesychastischen Gebetspraxis in den Orthodoxen Kirchen, in: dies., Wege und Irrwege zur Einheit im Lichte der orthodoxen Tradition, Göttingen 2005, 67–131. S. auch Kallistos Ware, Weisen des Gebetes und der Kontemplation – In der Ostkirche, in: Bernard McGinn u. a. (Hg.), Geschichte der christlichen Spiritualität, Bd. 1, Würzburg 1993, 394–412.

[4] Vgl. Hugo M. Enomiya-Lassalle, Weisheit des Zen, München 1998.

Meditation | *Heiko Wulfert*

Foto: Rolf Gerlach

auch einen Einblick in diesen Bereich geschwisterlichen Lebens wie in einem »Werkstattbericht«.

Zunächst gilt der Ärztin und Mediationsleiterin Dr. Christiane Stößel ein herzlicher Dank. Sie hat sich Zeit zu einem ausführlichen Interview zu ihrem Lieblingsthema »Meditation« gelassen und viele wichtige Aspekte auf den Punkt gebracht. Pfarrerin Dr. Ingrid Vogel spiegelt die Weite der Meditation in einzelnen Lebens- und Erfahrungsbereichen. Dr. Horst Stephan Neues, der Probemeister der Michaelsbruderschaft, gibt einen Einblick in die Meditationspraxis im Rahmen der Bruderschaftswoche der EMB. Pfarrer em. Udo Molinari betrachtet die Meditation in Leben und Weg der Michaelsbruderschaft. Dr. Ulrich Ott bietet höchst interessante Aspekte zur Meditation aus psychologischer und neurowissenschaftlicher Sicht.

Weg und Wesen der Evangelischen Michaelsbruderschaft beleuchtet der Älteste der Bruderschaft, Dr. Roger Mielke, unter den Bildern von Blumengärtchen und Museum. Bruder Wolfgang Max fügt seine Gedanken über das Gebet zum unverfügbaren Gott hinzu.

Das Quatember-Heft zum Thema »Meditation« möchte einladen, den Weg der Meditation zu gehen und der Gehetztheit und Umtriebigkeit unserer Zeit die Tiefe und Weite entgegenzusetzen, die in der Stille erfahren wird.

Ein Gespräch über Meditation –
oder: Was kommt alles auf den Tisch, wenn sich ein Theologe und eine Ärztin über Meditation unterhalten?

Ein Interview mit Dr. Christiane Stößel

Was ist Meditation?
Die kürzeste Definition, die ich kenne sagt: Meditation ist Unterbrechung. Ich würde noch hinzufügen: Es ist Innehalten. Ein Aufmerksamsein in genau diesem gegenwärtigen Augenblick.

In der Meditation üben wir, in der Gegenwart präsent zu sein. Meistens sind wir da ja gerade nicht. Denn wir denken nochmal über Vergangenes nach oder planen schon etwas Zukünftiges.

Da sind wir aber schon mittendrin im Thema. Vielleicht gehen wir nochmal einen Schritt zurück und schauen uns an, was alles mit Meditation bezeichnet wird. Es handelt sich ja nicht um einen geschützten Begriff, nicht wahr?
Ja, so ist es. Der Begriff Meditation wird von vielen benutzt. Wenn in Reha-Kliniken Meditation auf dem Stundenplan steht, ist meistens eine Entspannungsübung gemeint. Im Internet sind geführte Meditationen zu finden, wo eine Stimme eine Körperreise oder eine Imagination anleitet, manchmal mit Vogelstimmen oder Wasserrauschen oder sanfter Musik im Hintergrund. Hier befinden wir uns auch mehr im Bereich der Entspannung. Im weiten Feld der Persönlichkeitsentwicklung soll durch positive Bestärkung oder durch die Implementierung eines neuen Glaubenssatzes eine gewünschte Verhaltensänderung erreicht werden. Traumatherapeuten nutzen und üben mit ihren Klienten das innere Aufsuchen eines sicheren Ortes. Diese Imagination kann auch Angstpatienten helfen.

Viele Menschen denken, Meditation sei ausschließlich fernöstlich und ordnen die Meditationspraxis dem Buddhismus oder Hinduismus zu. Die Meditation im Islam und im Judentum ist nicht so vielen Menschen bekannt. Und die uralte christliche Tradition der Meditation ist auch lange in Vergessenheit geraten.

Was macht Meditation zur christlichen Meditation?
Die explizite Ausrichtung auf Gott. Für mich ist die christliche Meditation ein Beziehungsgeschehen mit Gott, auf das wir uns immer wieder neu einlassen. Ich glaube tatsächlich, dass Gott uns sucht und Kontakt mit uns will. Ich glaube auch, dass Gott

Für mich ist die christliche Meditation ein Beziehungsgeschehen mit Gott, auf das wir uns immer wieder neu einlassen.

immer schon da ist. Wie Pierre Stutz es formuliert[1]: »Du bewohnst mich seit immer«. Oder wie es in dem schönen Text von Rumi (1207–1273) heißt: »Ich habe die ganze Welt auf der Suche nach Gott durchwandert und ihn nirgendwo gefunden. Als ich wieder nach Hause kam, sah ich ihn an der Tür meines Herzens stehen, und er sprach: »Hier warte ich auf Dich seit Ewigkeiten.« Da bin ich mit ihm ins Haus gegangen.«

In der Offenbarung lesen wir die Jesusworte: »Ich stehe vor der Tür und klopfe an. Wer meine Stimme hört und die Tür öffnet, bei dem werde ich eintreten« (*Offb* 3,20).

Im weiteren Sinne gibt es viele Arten von christlicher Meditation. Das gregorianische Psalmensingen in den Tagzeitengebeten ist z. B. eine Meditationsform. Man stelle sich zwei Gruppen von Singenden vor, die – am besten auswendig – die Zeilen der Psalmworte ertönen lassen. Dabei ganz achtsam aufeinander hören, irgendwann nur noch gemeinsam ein- und ausatmen, am Sternchen den Atem gehen lassen und warten, bis der neue Einatemimpuls kommt und dann die nächste Psalmzeile singen. Irgendwann schwingt nur noch Klang mit den uralten Psalmworten aller menschlichen Erfahrungen hin und her und alle atmen gemeinsam. Das ist doch toll, oder?

Im engeren Sinne meinen wir mit christlicher Meditation eine stille Sitzzeit. Dabei könnte auch ein Gegenstand wie eine Kerze oder eine Ikone betrachtet werden oder ein Bibelwort mit in die Stille gegeben werden.

Ich selbst bin in der Kontemplation, im Herzensgebet, verankert. Dabei ist die Meditation für mich eine Zeit des Gebets, in der ich mich nicht mit Worten an Gott wende. Ich werde ganz still und lausche. Wie Meister Eckardt (ca. 1260–1328) es ausdrückte: »Ich will sitzen und will schweigen und will hören, was Gott in mir rede«.

Franz Jalics (1927–2021) wird der Ausdruck zugeschrieben, Kontemplation sei das »ereignislose fließen lassen der Liebe Gottes«.

Und Teresa von Ávila (1515–1582) beschrieb ihr inneres Beten wie das »Verweilen bei einem Freund«. Ich würde hinzufügen, das absichtslose Verweilen bei einem Freund. Einfach die gemeinsame Gegenwart genießen. Teresa sagt noch weiter: Es ist wie das »Verweilen bei einem Freund, mit dem ich oft und gerne zusammenkomme, weil ich weiß, dass er mich herzlich liebt«.

---

[1] Pierre Stutz, »Suchend bleibe ich ein Leben lang«, Ostfildern 2022, 143.

Und was heißt das konkret – »Herzensgebet«?
Man kann auch die Worte Inneres Beten, Jesusgebet oder Ruhegebet verwenden. Gemeint ist eine Meditationsform, bei der ich für eine Zeit in der Stille sitze und ein inneres Wort bewege. Ich sage mit Absicht nicht »sprechen«, denn ich spreche das Wort nicht wirklich. Am Anfang des Übens ist es noch ein inneres Sprechen. Ein Wort oder ein kurzer Satz wird in den Aus- und Einatemstrom gelegt. Mit der Zeit verselbständigt sich das Wort. Es spricht sich gleichsam von allein. Hier ist unsere sprachliche Ausdrucksfähigkeit schnell an ihrem Ende angelangt, um Dinge aus dem Bereich der Mystik gut zu erklären. Das eigene Erleben und Erfahren hilft hier, um zu verstehen, was gemeint ist. Um die wörtliche Bedeutung des immer und immer wiederholten Wortes oder des Satzes geht es auch gar nicht allein, sondern mehr um die Essenz dahinter. Das Wort ist wie ein Mantra und führt in der stetigen Wiederholung in die innere Tiefe.

> *Das Wort ist wie ein Mantra und führt in der stetigen Wiederholung in die innere Tiefe.*

Und was hat es mit dem Atem auf sich?
Wenn wir in der Meditationszeit versuchen, uns ganz und gar auf das Hier und Jetzt einzulassen, dann kann es sehr hilfreich sein, sich den Atemstrom zu Nutze zu machen. Er ist immer da. Und er ereignet sich immer genau jetzt. Wir können dem eigenen Atemstrom zuschauen. Ungefähr so, wie wir am Meer den Wellen beim Kommen und Gehen zuschauen können. Der Atem ist einfach zugänglich. Würden wir dagegen unseren eigenen Blutfluss spüren wollen, wäre das schon viel schwieriger. Der Atemstrom ist für mich auch deswegen so faszinierend, weil er den steten Austausch von außen und innen bewirkt. Was eben noch in der entlegensten Zelle meines Körpers war, ist im nächsten Moment im Blutstrom unterwegs, erreicht die Lunge und ist mit dem nächsten Atemzug ausgeatmet. Und was gerade noch im Außen, in der Luft war, atme ich ein und schon gelangt es wiederum in meinen ganzen Körper, bis in jede Zelle.

Jetzt spricht aber die Ärztin, oder?
Ja, schon. Ich habe gerade nichts anderes beschrieben, als die Sauerstoffaufnahme und die Kohlendioxidabgabe über die Lunge. Soweit reine Physiologie. Für mich ist da aber noch eine größere Dimension dahinter. Ist es nicht ein toller Gedanke, dass ich im stetigen Austausch mit meiner Umgebung bin? Nicht nur gedanklich oder durch ein Verbundenheitsgefühl. Sondern ganz materiell. Ein ständiger Austausch der Moleküle von außen und innen.

Im übertragenen Sinn ist der Atem ein wunderbares Beispiel für die stetige Veränderung im ganzen Leben. Ein ständiges Loslassen und Hergeben im Wechsel damit, Neues kommen zu lassen und anzunehmen. Und dazwischen noch die Atemruhe am Ende der Ausatmung, bevor der neue Einatemimpuls kommt. Das fasziniert mich. Eine Ordensfrau sagte mir mal, für sie sei ein Atemzyklus, also Ausatmung – Atemruhe – Einatmung, die kürzeste Zusammenfassung und Interpretation des Ostergeschehens: Karfreitag – Karsamstag – Ostersonntag.

Der Atem begleitet unser ganzes Leben, wir sagen ja auch sprichwörtlich »vom ersten bis zum letzten Atemzug«. Das Leben einhauchen, das Leben aushauchen… Gott haucht dem Menschen das Leben ein, heißt es im Schöpfungsbericht…
Ja, stimmt. Ruach hat eine viel größere Dimension, als die bloße Atemluft.

Ich möchte aber an dieser Stelle auf etwas Wichtiges im Zusammenhang mit der Atmung hinweisen. Ich habe schon in vielen Meditationsanleitungen gehört, der Atem würde unseren Brustkorb weiten. Der Atem würde uns bewegen, wie wir ja an der Ausdehnung bis in den Bauch und noch weiter spüren könnten. Rein physiologisch stimmt das nicht. Die Atemluft wird ja nicht in uns hineingedrückt. Es ist viel mehr so: Die Muskulatur des Brustkorbs und vor allem die Muskulatur des Zwerchfells weiten den Brust- und Bauchraum, schaffen also einen Raum. Und in den entstehenden Raum strömt dann passiv der Atemzug ein. Wenn ich diese physiologische Tatsache jetzt spirituell betrachte, wird es ja noch viel toller:

Gott bläst mir nicht einfach seinen Atem ein, wie eine Zwangsbeatmung. Nein, der Impuls geht von mir aus. Ich schaffe einen Raum – und dann strömt der Atem. Ich könnte es noch etwas pathetischer formulieren: Gott wartet auf meine Einladung, dass er kommen und mich ausfüllen darf. Er stülpt mir seinen Willen nicht über.

Ich meine, mit der Meditation verhält es sich genauso. Gott ist zwar mehr als willig und bereit, mit mir in Kontakt zu treten. Ob und wann ich aber den Raum dafür bereite und Zeit mit Gott verbringen will, ist meine Entscheidung. Das ist für mich eine Facette des freien Willens, den wir Menschen haben. Ich könnte auch sagen, das ist unsere Selbstverantwortung.

Aber nochmal zurück zum Atemstrom als Brücke für den Weg nach innen. Nicht alle Menschen verstehen sofort, dass wir den Atem nur beobachten und nicht beeinflussen wollen. Ich glaube, dass viele absichtlich besonders langsam oder besonders tief atmen. Das kann man machen, wenn man z. B. im Yoga den Atem bewusst nutzt, um eine Wirkung im Körper zu erzielen. Daran ist

Gott wartet auf meine Einladung, dass er kommen und mich ausfüllen darf

nicht Schlechtes – nur ist das in der Meditation nicht gemeint. Wir beobachten und nutzen den Atemstrom in der Meditation, weil er immer da ist. Weil er so leicht zugänglich ist, weil er immer genau jetzt, im gegenwärtigen Augenblick des Hier und Jetzt fließt, weil er einen regelmäßigen, gleichmäßigen Rhythmus vermittelt, weil wir die Bewegung im Körper spüren können und weil er buchstäblich nach innen führt und das Loslassen beinhaltet.

Das Beobachten des Atems kann allerdings einen Nachteil haben. Der Atem verändert sich nämlich, wenn wir sehr aufgeregt sind oder andere Emotionen uns packen, wenn Tränen fließen oder uns etwas den Atem nimmt. Dann wäre der Atemstrom kein guter Anker für den Weg nach innen.

Hier kann es hilfreich sein, einen anderen körperlichen Anker für die Verwurzelung im Hier und Jetzt zu wählen: die Handinnenflächen. Das bewusste Spüren der Handinnenflächen ist eine echte Bereicherung beim Gang durch den Körper. Ich meine das nicht ausschließend, dass wir uns entweder mit dem Atem oder mit den Handinnenflächen verbinden sollten, sondern vielmehr beides üben. Der Vorteil der Handinnenflächen ist, dass sie sich nicht verändern. Sie sind – wie unser ganzer Körper – immer präsent im Hier und Jetzt. Es bedarf allerdings etwas Übung, aus den Handinnenflächen einen Anker zu machen, denn sie sind nicht so leicht spürbar, wie der Atemstrom. Ich meine aber, dass es sich unbedingt lohnt.

Wenn sich in der Meditationszeit irgendwann ein Mehrklang einstellt aus dem innerlich klingenden Wort und dem Atem, und das Wort und der Atem mir dabei auch aus den Händen entgegenkommen, ich gleichzeitig auch in Wort und Atem zu meinen Händen hinfließe, ich also mit meinem Körper und Atem und Wort ganz und gar im gegenwärtigen Augenblick präsent bin ... ja, dann sind wir schon wieder an der Grenze des sprachlich Ausdrückbaren. Da hilft nur: selber üben, selber in die Erfahrung gehen!

(Ein kleiner Exkurs: Hände sind überhaupt ein tolles Thema. Was können Hände nicht alles! Welche Qualitäten können in der Berührung durch die Hände liegen? Wieviel Gefühl kann ich wortlos durch Hände ausdrücken? Heilung durch Hände, Hände als kreatives Werkzeug, Gestalten mit den Händen, Segnen, Geben und Annehmen, den verlorenen Sohn willkommen heißen ...)

Sie haben das »Hier und Jetzt«, den gegenwärtigen Augenblick schon erwähnt. Wie ist der Zusammenhang zur Meditation?
Die großen Mystiker und alle Meditationslehrer, auch die fernöstlichen, legen großen Wert auf die Präsenz im Hier und Jetzt.

Foto: Rolf Gerlach

Gott kann nur in der Gegenwart gefunden werden, so lesen wir bei vielen Mystikern. Wenn wir über etwas Vergangenes grübeln, egal ob gestern oder vor vielen Jahren, und ebenso, wenn wir über die Zukunft nachdenken und planen, sind wir nicht im Hier und Jetzt anwesend. In der Meditationszeit geht es aber nicht darum, ein Problem durch Denken lösen zu wollen. Das Denken sollte so weit wie möglich zur Ruhe kommen. Es geht um das pure Sein in der Gegenwart Gottes.

Es geht um das pure Sein in der Gegenwart Gottes.

Kann man Gedanken wirklich abstellen?
Das ist eine oft gestellte Frage. Ich glaube, eher nein.

Es mag einzelne, sehr geübte Menschen geben, die wirklich in einem fast gedankenlosen Zustand des reinen Seins meditieren können.

Sehr viel öfter höre ich aber von Meditationslehrerinnen und Meditationslehrern den ehrlichen Hinweis, dass in der Stille Gedanken kommen werden, und dass das auch ganz normal ist. Ich glaube, mit der Übung verändert sich aber die Störung durch die Gedanken. Es werden insgesamt weniger und nicht so drängende Gedanken. Ich meine, hier ist der freundliche Umgang mit sich selbst wichtig. Es sollte keinen Leistungsdruck in der Meditation geben und keine Selbstvorwürfe für zu viel Denken. Es ist schon ganz gut, überhaupt zu bemerken, dass und welcher Gedanke gerade gekommen ist. Dann hilft ein freundliches und bestimmtes ziehen lassen des Gedankens und die entschlossene Rückkehr zum Atem, zu den Handinnenflächen, zum Meditationswort und zur gesammelten Haltung.

Oft genutzte Bilder sind folgende: Ich stelle mir die Gedanken wie Wolken um eine Bergspitze vor. Ich nehme die Wolke wahr, lasse sie ziehen – wohl wissend, dass gleich die nächste kommen wird. Oder ich stelle mir die Gedanken wie schwimmende Blätter auf einem Bach vor, an dem ich sitze. Ich schaue den Gedanken wie das Blatt an, nehme wahr »ach, das denke ich gerade« und lasse den Gedanken einfach von dem Wasser forttragen.

Mich hat eine Vorstellung bezüglich störender Gedanken sehr entlastet und deswegen möchte ich sie hier weitergeben: Man stelle sich ein Treffen mit einer lieben Freundin in einem Café vor. Es kann sehr laut sein. Da sind viele Geräusche von anderen Menschen, vielleicht Verkehrslärm und Klappern von Geschirr. Dennoch treffe ich mich mit meiner Freundin, wir pflegen unsere Beziehung und sind uns nah. Die Zeit ist keineswegs umsonst, nur weil es laut ist. So ist es auch mit den lauten Gedanken in der Meditationszeit. Sie werden nicht verhindern, dass ich diese Zeit Gott geschenkt habe.

Seit einiger Zeit ist das Wort »Achtsamkeit« in aller Munde – ist da ein Zusammenhang zur Haltung in der Meditation?
Ja, auf jeden Fall.

Wir Menschen sind gewöhnlich entweder mit Denken oder mit Handeln beschäftigt. Das Wahrnehmen kommt in der Regel zu kurz. Fragen wie »was höre ich da gerade? Wie schmeckt das, was ich gerade esse? Wie geht es mir eigentlich?« führen uns in die Aufmerksamkeit für uns selbst. Wenn wir das eine Weile geübt haben, werden wir nicht nur sensibler für uns selbst, sondern auch für andere Menschen werden.

Achtsamkeitsübungen eignen sich sehr gut als Hinführung zur stillen Meditationszeit. Das aufmerksame Wahrnehmen hilft sehr, im Hier und Jetzt zu sein. Und es schärft alle Sinne. Die Wahrnehmung auch der feinen, leisen Dinge wird viel ausgeprägter werden.

Kontemplation geht aber noch einen Schritt über die Achtsamkeit hinaus. Nämlich zur ganz bewussten Ausrichtung auf Gott. Nicht nur »Attentio«, sondern auch »Intentio«. Diese achtsame und wache innere Haltung bei zusätzlicher bewusster Ausrichtung auf Gott könnte Meister Eckhard gemeint haben mit »Ich will sitzen und will schweigen und will hören, was Gott in mir rede«.

»Ich will sitzen und will schweigen und will hören, was Gott in mir rede«.

Ist diese wache, aufmerksame Haltung eine Frage der Konzentration?
Nein, das meine ich nicht.
Kontemplation ist keine Konzentrationsübung.
Karin Seethaler hat in ihrem Buch »Der Weg der Kontemplation« eine sofort einleuchtende Erklärung für den Unterschied beschrieben. Man stelle sich vor, wir sitzen am Meer und betrachten einen Sonnenuntergang. Wir würden niemals sagen »Ich konzentriere mich auf den Sonnenuntergang«. Wir schauen einfach zu, ohne etwas verändern zu wollen. Alles darf so sein wie es ist. Wir verweilen schweigend und nehmen einfach nur auf, was geschieht. »Und doch geschieht auch etwas in mir. Ich werde ruhig. In mir breitet sich Stille aus«[2]. Dann zitiert Karin Seethaler ihrerseits ihren Lehrer Franz Jalics: »Anschauen und es so lassen, wie es ist. Das ist die eigentliche Kontemplation«[3].

Das klingt alles ziemlich anspruchsvoll – wie finde ich in die Stille der Meditation?
Einfach anfangen! Es ist nicht wirklich schwer. Ich meine, im körperlichen Sinne. Es ist bestimmt anstrengender und schwerer, eine gute sportliche Leistung zu erbringen. Die Schwierigkeit liegt mehr in der Entschlossenheit, der Konsequenz und dem regelmäßigen »Dranbleiben«. Und natürlich sollte ich die Stille und die Begegnung mit mir selber und allem, was da aus den Tiefen der Seele auftauchen könnte, auch wollen. Und dann könnte einem ja auch noch Gott begegnen ...
Ich würde für Ungeübte immer das Meditieren in einer Gruppe mit einer Anleiterin oder einem Anleiter empfehlen, damit gerade am Anfang Fragen geklärt werden können. Eine Gruppe in der eigenen Umgebung kann man z. B. auf der Seite der Initiative »Kontemplation in Aktion« finden[4]. Ein kleiner Einführungskurs kann auch hilfreich sein. Zu viel Theorie würde ich aber nicht empfehlen. Man kann die Meditation nicht durch Bücherlesen erfassen. (Leider auch nicht, durch Lesen dieses Artikels.) Es ist wie bei einem Musikinstrument: Solange ich nur Bücher über das Geigespielen lese, werde ich nicht wissen, wie sich Geigespielen anfühlt. Um vertraut damit zu werden, muss ich es tun und im eigenen Körper erfahren.
Die Anleitung mit Körperübungen zu Beginn und dann einem Gang durch den Körper und schließlich die Hinführung zur Stille kann man sich ruhig von jemand Erfahrenem gönnen. Die Meditation in der Gruppe ist auch sehr unterstützend.

---

[2] Karin Seethaler, »Der Weg der Kontemplation«, Würzburg 2021, 53.
[3] Franz Jalics, »Kontemplative Exerzitien«, Würzburg 1994, 46.
[4] www.kontemplation-in-aktion.de.

> *Wir meditieren nicht mit dem Verstand, es ist auch keine Sache der Seele allein, wir sind immer als ganze Menschen da.*

Jetzt kam zweimal das Wort »Körper« vor. Was hat der Körper mit Meditation zu tun?

Ich bin der Meinung, dass wir für eine gute Hinführung zur Stille unbedingt das Geschenk des Körpers nutzen sollten. Wir sind sowieso eine Einheit aus Körper, Geist und Seele. Wir meditieren nicht mit dem Verstand, es ist auch keine Sache der Seele allein, wir sind immer als ganze Menschen da. Der Körper hat gegenüber den Gedanken den großen Vorteil, immer im Hier und Jetzt zu sein. Der Körper kann nicht im Gestern stecken oder schon ins Morgen vorauseilen. Also sind Körperübungen sehr hilfreich, um in die Präsenz des gegenwärtigen Augenblicks zu kommen. Und der Körper steht uns als Erforschungsfeld zur Verfügung, wenn wir unsere achtsame Wahrnehmung schulen wollen. Im Alltag sind wir nicht sehr aufmerksam auf unseren Körper. Wer spürt schon ständig hin, wie die Kleidung die Haut berührt? Wo die Sitzbeinhöcker dem Stuhl aufliegen? Ob ich gerade mehr Gewicht auf dem rechten oder auf dem linken Bein habe? Im Alltag wäre das auch nicht sehr hilfreich. (Allerdings brauchen viele Menschen erstaunlich lange, bis sie wahrnehmen, dass sie seit geraumer Zeit die Kiefer aufeinanderpressen, eine Schulter hochziehen oder irgendeine Körperhaltung einnehmen, die auf die Dauer schmerzhaft wird. Etwas mehr bewusstes Wahrnehmen für den Gebrauch des eigenen Körpers würde uns allen auch im Alltag guttun.)

Und welche Körperübungen eignen sich für die Meditation?

Da gibt es keine festen Regeln. Viele Anleiterinnen und Anleiter nutzen Elemente aus dem Yoga, Tai-Chi, Qigong oder der Feldenkrais-Methode. Es sollten einfach durchzuführende Übungen sein, damit kein Leistungsdruck entsteht. Auch lange Abfolgen eignen sich eher weniger. Die Körperübung erfüllt optimalerweise mehrere Anforderungen: Sie führt die Übenden ins Hier und Jetzt und sie lenkt die Aufmerksamkeit auf bestimmte Körperpartien und schult damit bereits das achtsame Wahrnehmen. Es kommt dazu, dass eine äußere Bewegung immer auch eine innere Bewegung auslösen kann.

Meine persönliche Vorliebe ist: zunächst eine Übung, wo sich Anspannung und Entspannung einer Körperpartie abwechseln, immer mit einer Phase des Nachspürens und der Aufmerksamkeit auf die Frage »Und wie fühlt es sich jetzt an«? Danach finde ich langsame, mehrfach wiederholte, fließende Bewegungen sehr gut geeignet. Dabei gibt optimalerweise der eigene Ein- und Ausatmenstrom jeder und jedes Übenden den eigenen Rhythmus und das eigene Tempo vor.

Wenn wir nicht nur von einigen Minuten Körperübung vor der stillen Sitzzeit sprechen, sondern die Frage stellen, welche Art von Körperübungen sich überhaupt in der Kombination mit Meditation eignen, dann tut sich ein noch viel größeres Feld auf: alles, was nach innen führt, alles, was mit dem Körper in Kontakt bringt, alle Bewegungsabläufe, die bereits in sich eine eigene Philosophie enthalten, die der Idee der Meditation zuträglich ist. Ich meine damit z. B. Bogenschießen oder Kampfkunst, weil hier die innere Ausrichtung auf ein Ziel in völliger Präsenz im Hier und Jetzt geübt wird. Eutonie und Atemtherapie habe ich als hilfreich erlebt, weil hier die Verbindung der Körperbewegungen mit der tiefer liegenden, inneren Bewegtheit zum Ausdruck kommt. Es können Dinge in Bewegung geraten, die lange nicht zugänglich waren. In der Alexandertechnik lernen wir, unseren Körper und unsere Bewegungsabläufe bewusst wahrzunehmen und möglicherweise dienlicher zu nutzen. In meinem eigenen Leben haben auch Singen und Tanzen den Effekt, dass ich über Musik und Klang in Verbindung mit Bewegung ganz schnell sehr innerlich werden kann. Körpergebärden finde ich auch sehr bewirkend.

Bestimmt gäbe es hier noch eine Menge mehr aufzuzählen – ich überblicke sicher nicht das ganze Möglichkeitenspektrum der Körperübungen im weitesten Sinne.

Noch eine ganz konkrete Körperfrage: Ist die Sitzhaltung in der Meditation wichtig?
Die Haltung, in der wir meditieren, soll die innere Sammlung unterstützen. Ich glaube, es ist weniger wichtig, ob sich jemand auf einem Kissen, einem Bänkchen, einem Hocker, einem normalen Stuhl, einem Meditationsstuhl oder im Lotussitz niederlässt. Ich meine auch nicht, dass es absolut verboten ist, sich auch nur einen Millimeter zu bewegen. Und schon gar nicht soll die Haltung Schmerzen verursachen, die dann noch heroisch ausgehalten werden.

Die Haltung sollte so sein, dass ich einen guten Bodenkontakt spüren kann, also die Kontaktflächen der Füße und der Sitzbeinhöcker mit der Unterlage. Das Becken sollte sich in einer mittleren Position befinden, weder zu weit nach vorne noch zu weit nach hinten gekippt. Viele Anleiter nutzen hier das Bild, dass das Becken wie eine Schale sei, aus der das Wasser weder über den vorderen noch über den hinteren Rand hinausfließen kann. Das Kreuzbein bildet ja die Verbindung hinten in der Mitte zwischen beiden Beckenschalen und ist zugleich die Basis der Wirbelsäule. Bei einem guten Bodenkontakt der Füße und der Sitzbeinhöcker und einer guten Mittellage des Beckens, wird sich die Wirbelsäule

Die Haltung, in der wir meditieren, soll die innere Sammlung unterstützen

ganz von allein aufrichten. Es lohnt sich, auf eine gerade Halswirbelsäule zu achten. Das gelingt gut, wenn der Kopf sich ganz leicht nach vorne neigt.

Die Schultern sollten entspannt und nicht durch die Haltung der Arme und Hände angestrengt sein. Es kann helfen, eine Decke oder ein Kissen auf den Schoß zu legen und die Hände entspannt darauf abzulegen. Wer die Hände auf den Oberschenkeln ruhen lässt, sollte auch darauf achten, dass die Schultern und Arme eine bequeme, unangestrengte Haltung einnehmen.

Auf jeden Fall soll die Haltung es ermöglichen, für die stille Zeit von 15–20–30 Minuten gut und möglichst unbewegt, innerlich gesammelt sitzen zu können. Die Sitzhaltung ist keine schmerzhafte Prüfung, die ausgehalten werden muss!

Die Augen können geschlossen sein. Das hilft vielen Menschen, innerlich gesammelt zu bleiben. Allerdings erhöht es die Gefahr des Einschlafens. Leicht geöffnete Augen, den »weichen Blick« auf dem Boden zur Ruhe gelegt, mögen hier helfen. Aus dem Zen kenne ich die Praxis, die Augen geöffnet zu halten ohne etwas zu fixieren. Im Zen wird oft zur Wand hin meditiert, so dass ohnehin nicht so viele optische Eindrücke ablenken können.

Hier empfehle ich, einfach auszuprobieren, was für die eigene Praxis hilfreich ist.

Genauso ist es mit der Handhaltung. Entweder lege ich die Hände auf den Oberschenkeln ab oder ich lege buchstäblich die Hände in den Schoß. Dann kommt immer die Frage: Sollen sich die Hände berühren oder zu einander zeigen? Da gibt es wieder verschiedene Möglichkeiten und auch gute Gedanken dazu. Ein »richtig oder falsch« ist hier nicht angebracht. Die Handflächen können den Oberschenkeln aufliegen oder die Hände stehen auf den kleinfingerseitigen Handkanten auf den Oberschenkeln auf. Bei letzterer Handhaltung zeigen die Handinnenflächen zueinander. Manche Menschen berichten von einem Gefühl des Energieflusses zwischen den Handinnenflächen. Liegen die Hände im Schoß, gibt es auch mehrere Möglichkeiten. Die Hände können zum Gebet gefaltet sein oder sie sind wie eine Schale ineinandergelegt, die Finger überlappen sich und die Daumen haben an ihren Spitzen leichten Kontakt. Aus dem Zen kenne ich das schöne Bild, dass die Daumenspitzen sich berühren, als ob sie einen Schmetterling festhalten würden. Also ein kaum spürbarer Kontakt, so wenig Druck, dass die Flügel des Schmetterlings keinen Schaden nehmen würden, aber dennoch ein Kontakt der Daumenspitzen, was dann einen geschlossenen Kreis ergibt.

Auch hier gilt: Jede und jeder möge selbst ausprobieren, welche Haltung der eigenen Sammlung am besten dient.

Und was ist der schon erwähnte »Gang durch den Körper«?
Beim Gang durch den Körper benennt der Meditationsanleiter oder die Anleiterin in klarer Sprache und in langsamer Folge die verschiedenen Körperpartien und beschreibt den Aufbau der Meditationshaltung. Man wird hier vom Boden her aufbauen, also die Auflagefläche der Füße und der Beine und des Beckens benennen. Es geht um die gute Erdung und Gründung, die Verwurzelung auf dem Boden, der uns trägt. Dann steigt man vom Becken und dem Kreuzbein ausgehend gedanklich die Wirbelsäule hinauf. Es entsteht die Aufrichtung himmelwärts, in den weiten Raum über uns. Für mich sind die Worte »Erdung und Verwurzelung« sowie »weiter Raum über mir« zwei der vielen Namen Gottes. Weil ich Grund habe, kann ich mich aufrichten. Es bleibt der Anleiterin und dem Anleiter überlassen, wie ausführlich der Gang durch den Körper gestaltet wird. Eine Gruppe von Anfängern profitiert hier meiner Erfahrung nach von einer ausführlichen Anleitung durch den Körper, während Geübte sich eher von vielen Worten gestört fühlen. (Die ganz Geübten lassen sich von vielen Worten nicht stören – sie blenden einfach alles aus.)

Es entsteht die Aufrichtung himmelwärts, in den weiten Raum über uns.

Da haben Sie als Ärztin aber einen Vorteil – in Anatomie kennen Sie sich aus!
Ja, das stimmt. Und ich habe eine helle Freude daran, eine Verbindung von Anatomie und Physiologie mit der mystischen, tieferen Bedeutung dahinter herzustellen, jedenfalls so, wie es sich für mich anfühlt.

Haben Sie ein Beispiel?
Wir hatten vorhin schon die Atmung angeschaut. Nehmen wir jetzt mal die Wirbelsäule. Da bauen Knochen, also einzelne Wirbelkörper, so aufeinander auf, dass die Kombination von einem eigentlich harten Knochenmaterial eine völlig biegsame Wirbelsäule ergibt: Fester Halt und Stütze bei gleichzeitiger Flexibilität in alle Richtungen. Die Wirbelsäule richtet uns nicht nur auf, sie lässt auch ziemlich viele Bewegungsrichtungen zu. Ich denke da immer: »So bist Du Gott – Du richtest mich auf, Du gehst alle Wege mit, die mir mit meinem freien Willen einfallen und bist gleichzeitig der Halt in allen Lebenslagen.« Das ist doch toll!

Oder schauen wir die Fontanelle und die Nervenwasserzirkulation an. Wenn man einem Neugeborenen auf den Scheitel fühlt, findet man eine Stelle, wo die Knochenplatten des Schädels noch nicht verbunden sind. (Der Kopf wird dadurch während der Geburt im engen Geburtskanal anpassungsfähiger, weil er ein wenig zusammengedrückt werden kann.) Legt man die Finger ganz zart auf diese Fontanelle, dann hat man – nur durch die Kopfhaut getrennt – das Nervenwassersystem unter den Fingern. Das Nervenwasser umgibt das ganze Gehirn und ist quasi der Stoßdämpfer zwischen Schädelknochen und dem empfindlichen Gehirn. Das Nervenwasser fließt dann auch noch am Übergang vom Schädel zur Wirbelsäule um das ganze Rückenmark herum, im Inneren der Wirbelsäule einmal nach unten bis in den Lendenwirbelbereich und dann wieder nach oben. Ein großer in sich geschlossener Wasserkreislauf. Soweit die Physiologie. Jetzt schauen wir mal durch die spirituelle Brille: Fontanelle heißt »kleine Quelle«. Für mich bekommen Zuschreibungen an Gott wie »Wasser des Lebens« oder »Quelle des Lebens« dadurch eine ganz konkrete, weitere Bedeutung. Mir gefällt die Vorstellung, dass mich ein Wasserkreislauf durchströmt, der seine Quelle himmelwärts ausrichtet. Ich muss an die Mystikerin des 13. Jahrhunderts aus dem Kloster Helfta, Mechthild von Magdeburg (1207/10–1282/94), denken, die uns die wunderbaren Zeilen vom fließenden Gotteslicht hinterlassen hat: »Fließe gutes Gotteslicht, in den Urgrund meines Ich, dass ich mich erkenne.«

Und nach so einem Gang durch den Körper beginnt dann eine stille Zeit – wie lange ist die Stille?
Das kommt auf die Gruppe und auch auf die Anleiterin oder den Anleiter an. Üblich sind Sitzzeiten von insgesamt 20 bis 30 Minuten. Wenn der Gang durch den Körper schon sehr ausführlich war, ist die Stille entsprechend kürzer. Ich kenne einzelne Meditationslehrer, die bis zu 45 Minuten Sitzzeit anleiten. Das ist aber eher die Ausnahme.

Wenn mehrere Sitzzeiten aufeinander folgen, wird üblicherweise dazwischen eine Gehmeditation praktiziert.

Was ist eine Gehmeditation?
Dabei wird die Stille beibehalten, die gesammelte, aufmerksame und lauschende Haltung auch. Alle erheben sich von ihrem Sitz und die Gruppe geht mit langsamen, achtsamen Schritten im Raum im Kreis. Entweder für eine vorher definierte Anzahl von Runden oder bis ein akustisches Signal z. B. von einem Gong oder einer Zimbel ertönt. Dann findet sich jede und jeder wieder hinter dem eigenen Platz ein, es folgt eine gemeinsame Verbeugung und alle lassen sich zur nächsten Sitzzeit nieder.

Die Gehmeditation ist nicht nur ein Element, um dem Körper eine Abwechslung nach der bewegungslosen Haltung in der Sitzzeit zu gönnen. Es handelt sich vielmehr um eine eigenständige Meditationsart. Wir üben die Präsenz in der Bewegung. Das ganz bewusste Verlagern des Körpergewichts, um dann einen Fuß vom Boden heben zu können und den nächsten Schritt zu setzen. Das ist immer auch im übertragenen Sinn gemeint. Ich muss mich entscheiden, den nächsten Schritt zu tun. Wie oft tue ich das im Alltag nicht? Wie oft verharre ich in Entscheidungslosigkeit?

In der Gehmeditation vollziehen wir auch den Richtungswechsel ganz bewusst. Wir gehen eigentlich im Viereck und nicht im Kreis. Und an den Ecken vollziehe ich die Hinwendung zu einer anderen Richtung ganz bewusst. Im übertragenen Sinn: Jetzt geht es anders weiter. Ein Weg ist zu Ende, ein neuer tut sich auf. Nicht schlechter, nicht besser, nur anders. Ich nehme das Neue in den Blick und gehe. Der Weg entsteht im Gehen. Und die anderen sind mit mir unterwegs. Ich gehe nicht allein, und bleibe doch bei mir. In einer etwas geübten Gruppe werden die Abstände zwischen den Gehenden immer gleichbleiben. Keiner rückt dem Anderen zu nah. Eine gute Übung für Nähe und Distanz. Wir üben in der Gehmeditation auch das absichtslose Tun ein. Wir gehen nicht, um irgendwo hin zu gelangen. Wir gehen um des Gehens willen. Wir müssen nichts erreichen. Schon gar nicht etwas leisten.

Wer jetzt Lust auf Gehmeditation bekommen hat, der suche sich einen Kreuzgang und lege los! (Natürlich geht auch jeder andere Ort – aber mir persönlich geht in vielen Kreuzgängen das Herz auf.)

Wenn man alleine die Gehmeditation praktiziert, kann man mit dem Tempo spielen. Oder auch einfach hinspüren: Welches Tempo habe ich denn heute? Wie bin ich denn heute unterwegs?

Mit den Schritten kann man ebenso variieren. Entweder wird der Fuß bewusst von der Ferse aus abgerollt (so gehen wir im Alltag meistens) oder genau andersherum. Wenn man den Fuß mit den Zehen und Ballen zuerst aufsetzt, entsteht ein schleichender Gang wie bei einer Raubkatze. Menschen, die in Kampfkunst geübt sind, kennen diese Art zu gehen.

Und wenn ich gerade keinen Kreuzgang zur Hand habe – wie wäre es, einen Spaziergang in der Natur als Gehmeditation zu gestalten?
Eine sehr gute Idee!

Die Natur ist eine wunderbare Umgebung, um sich in die Grundhaltung der Absichtslosigkeit, des Schauens »wie zum ersten Mal« und des Staunens einzuüben. Viele Meditationslehrer sprechen von der Natur als erster Lehrmeisterin. Hildegard von Bingen (1098–1179) hat den Ausdruck »Grünkraft« benutzt. Ein Aspekt ist zum Beispiel, dass wir den steten Wechsel von Werden und Vergehen in der Natur beobachten können. Die Natur ist gleichzeitig beständig und in ständiger Veränderung. Wir können lernen, dass

Ein Weg ist zu Ende, ein neuer tut sich auf. Nicht schlechter, nicht besser, nur anders. Ich nehme das Neue in den Blick und gehe.

Veränderung nichts Schlechtes ist und alles dem steten Wandel unterliegt. Es nützt nichts, eine Jahreszeit festhalten zu wollen. Wir können uns am Überfluss und der Üppigkeit des Sommers freuen und die Kargheit des Winters als Erlaubnis zum Rückzug und zum Sammeln neuer Kräfte verstehen.

Ein andere gute Übung ist das reine Wahrnehmen der Natur. Wie sieht die Blume aus, wie fühlt sie sich an, wie riecht sie? Gemeint ist nicht zu zählen, nicht zu analysieren, nicht botanische Namen aufzusagen. Gemeint ist vielmehr, sich einzulassen auf die Pflanze, den Baum, das Weizenfeld ... was auch immer mich gerade anspricht.

Es könnte auch sein, dass aus der Natur etwas zurückkommt zu uns.

Was meinen Sie damit?
Das ist schwierig in gute Worte zu fassen. Viele Menschen berichten, dass sie beim Betrachten der Natur plötzlich etwas verstehen, was ihnen im Leben hilft.

Etwa die Kraft, die ein Löwenzahn hat, wenn er durch den Asphalt wächst als Sinnbild für die eigenen schlummernden und unterschätzten Kräfte. Oder die Fähigkeit einer Blume, sich zur Sonne auszurichten. Entstehendes Leben an kargen Plätzen. Samen, der vom Wind fortgetragen wird und ganz woanders, unvermutet etwas entstehen lässt.

Wahrscheinlich kennen viele das Gefühl von Weite und Freiheit, wenn man auf einem Berggipfel steht. Oder ein Gefühl der Unbegrenztheit beim Betrachten des Horizontes über dem Meer.

Mir haben auch schon Menschen erzählt, sie hätten in der Natur plötzlich ein Bewusstsein dafür entwickelt, dass sie ja gar nicht allein und abgetrennt für sich leben, sondern vielmehr alles mit allem verbunden ist.

Andreas Ebert und Peter Musto beginnen in ihrem wunderbaren Buch »Praxis des Herzensgebets – einen alten Meditationsweg neu entdecken«[5] den vorgeschlagenen Übungsweg auch in der Natur.

Übrigens ist dieses Buch mein Tipp für alle, die mit christlicher Meditation beginnen wollen. Und auch für alle alten Hasen, die im Sinne des Anfängergeistes wieder einmal von vorne beginnen wollen. Das Buch ist weniger ein Sachbuch, sondern nimmt die Übenden über zehn Wochen mit konkreten Impulsen an die Hand. Und die ganze erste Woche spielt sich draußen in und mit der Na-

---

[5] Andreas Ebert, Peter Musto, »Praxis des Herzensgebets«, München 2013.

tur ab. Die Autoren betonen: »Mach dir bewusst, dass bereits die Offenheit für die Schöpfung nicht nur Vorübung zum Gebet ist, sondern bereits Gebet. Wer sich mit der Schöpfung verbindet, verbindet sich mit dem Schöpfer.«[6]

Wenn ich nicht oder nicht nur in einer Gruppe meditiere, sondern zu Hause – welche Tageszeit ist die beste für die Meditation?
Jede Zeit ist die beste!

Die Menschen, die morgens als erstes meditieren, berichten von einem guten Start in den Tag. Von dem wunderbar gelassenen Gefühl, dass doch eigentlich alles in Ordnung ist, egal was der Tag bringen wird. Die Menschen, die ihre Meditationszeit auf den Abend legen, erzählen von der Erfahrung, dass der Tag dadurch einen schönen Abschluss findet. Alles Gewesene nochmal anschauen, dann gut sein lassen, sich in die Stille begeben und anschließend wunderbar schlafen. Auch Mittagsmeditierer habe ich schon getroffen. Die berichten aber, dass es oft beim Vorhaben bleibt, etwa die Mittagspause für eine Meditationszeit zu nutzen. Allzu oft kommt das Leben, die Arbeit, die Familie, eben irgendetwas Wichtiges dazwischen.

Jede Zeit ist die beste!

Es kann sich lohnen, alle Tageszeiten für sich auszuprobieren. Man kann auch absichtlich damit spielen: An einem Tag mit einer großen Aufgabe nehme ich die Bestärkung durch die morgendliche Meditationszeit mit. Und nach einem sehr ereignisreichen Tag nutze ich die relativierende Kraft der Meditationszeit am Abend für den guten Abstand zu aller Aufregung des Tages. Im Urlaub kann ich mir wunderbare Meditationszeiten am Strand oder im Wald, auf einem Berggipfel oder beim Sonnenaufgang vorstellen.

Die persönliche Lebenssituation macht auch einen großen Unterschied. Ist morgens Familientrubel oder lebe ich allein? Steht jemand im Arbeitsleben oder nicht?

Grundsätzlich profitieren wir Menschen von Routinen. Gerade für den Anfang würde ich empfehlen, immer bei der gleichen Zeit und immer beim gleichen Ablauf zu bleiben.

Kann eigentlich jede und jeder meditieren?
Im Prinzip ja. Ich weiß allerdings, dass es Menschen gibt, die mit Stille nicht viel anfangen können. Die sich nicht auf ein ruhiges, bewegungsloses Sitzen über 20–25–30 Minuten einlassen können.

Mir sagte auch mal eine Frau, die an Depressionen litt, Meditieren sei nichts für sie. Sie sei doch sowieso schon so gedämpft, da

---
[6] Ebd., 14.

wolle sie sich durch die Meditation nicht noch mehr in einen Zustand der Inaktivität und des Abschaltens versetzen. Hier wurde die Grundannahme über Meditation deutlich, die viele Menschen haben. Wir haben es zu Beginn ja schon erwähnt. Meditation sei doch eine Entspannungsübung, man würde abschalten, sei »woanders« und komme am Ende der Meditationszeit von »irgendwo« zurück. Diese Grundannahme ist aus meiner Sicht falsch. Jedenfalls wenn wir von christlicher Meditation mit Ausrichtung auf Christus sprechen. Wir sind in der Meditationszeit zwar still, aber innerlich hellwach. Wir schalten eben nicht ab. Unsere ganze Aufmerksamkeit richtet sich auf die Wahrnehmung. Es ist aber auch keine Konzentration auf etwas. Es ist vielmehr ein sehr präsentes Dasein in der Haltung des Lauschens, des Spürens, der Hingabe und des Empfangens. Zugleich ein absichtsloses Aufmerksamsein. Hier kommt die Sprache schnell an ihre Grenzen, wenn wir erklären wollen, was mit dieser inneren wachen Präsenz bei gleichzeitiger äußerer Ruhe und Stille gemeint ist.

Ein wunderbarer Text von Franz-Xaver Jans-Scheidegger (1944–2022) beschreibt es bildlich: »Schaue hindurch mit Deinem Herzensauge, lausche hindurch mit Deinem Herzensohr«. Von Willigis Jäger (1925–2020) kenne ich den Ausdruck »die Stille hinter der Stille«. Oder noch ein Erklärungsversuch mit einem Text aus der Tradition der Kopten: »Lass deinen Mund stille sein, dann spricht Dein Herz. Lass Dein Herz stille sein, dann spricht Gott.«

Diese Stille, dieses präsente Dasein mit innerer Wachheit und Aufmerksamkeit, schafft den Raum, in dem sich Größeres ereignen kann. Mehr als meinen Raum zu bereiten, kann ich allerdings nicht tun. Alles andere ist Gnade.

Ich wurde mal von einer Frau gefragt, ob ich denn in jeder Meditationszeit eine Gotteserfahrung hätte? Und es wurde deutlich, dass sie bis dahin geglaubt hatte, das wäre doch bei allen anderen so, nur bei ihr würde es einfach nicht gelingen. Wir haben dann genau darüber gesprochen, dass mein eigenes Zutun in der Meditation darin besteht, den inneren Raum zu bereiten. Das innere Lauschen, das innere Spüren, das innere Schauen, die innere Ausrichtung herzustellen – und eigentlich noch nicht mal das, sondern das pure absichtslose Dasein zu üben. Ob und wie Gott sich mir mitteilen möchte, ist seiner Gnade überlassen.

Ich habe die Erfahrung, dass sich die meisten Veränderungen oder Erkenntnisse oder sogar Gotteserfahrungen nicht in der stillen Sitzzeit der Meditation ereignen. Ich erkläre es mir so: Offenbar bewirkt die stete Einübung in diese Grundhaltung des Annehmens, des Empfangens, der Aufmerksamkeit und auch der Demut und der Dankbarkeit eine grundsätzliche Veränderung der Seele,

»Lass deinen Mund stille sein, dann spricht Dein Herz. Lass Dein Herz stille sein, dann spricht Gott.«

eigentlich des ganzen Menschen. Und plötzlich stellt sich eine Erkenntnis ein, möglicherweise ganz biblisch ein Traum, oder eine Gewissheit, oder die Antwort auf eine viel gewälzte Frage – oder mit Gnade sogar eine Gotteserfahrung. Ich kann das alles aber nicht absichtlich herbeiführen. Ich kann es nicht machen. Hier kommt das schöne Wort der »Unverfügbarkeit« ins Spiel. Der Geist weht wann und wo er will.

Meditieren ist also eigentlich eine Lebensart?
Ja, genau.

Wenn wir mit dem Begriff »Meditation« nur die eigentliche stille Sitzzeit auf dem Bänkchen oder Kissen oder Hocker meinen, dann ist es noch keine Lebensart. Viele Menschen nehmen einmal in der Woche oder einmal im Monat an einer Meditationsgruppe teil, denken in der restlichen Zeit aber nicht viel daran. Das ist nicht schlimm und es ist allemal bereichernd. Das Leben wird sich allerdings dadurch nicht sehr verändern.

Für Menschen, die eine kontemplative Lebenshaltung haben (oder sich immer mehr darin einüben), ist die regelmäßige Meditationszeit dagegen nicht der einzige Baustein in der Lebensgestaltung. Die Meditationszeit wird vermutlich täglich ihren Platz haben und so selbstverständlich und auch so unverzichtbar sein wie Essen und Trinken und Zähne putzen. Wenn wir uns aber ganz und gar auf die kontemplative Haltung einlassen, werden wir immer mehr im Hier und Jetzt leben. Wir werden die Dinge mit dem Herzen betrachten und weniger intellektuell sezieren. Es wird sich großes Mitgefühl einstellen, gegenüber allen Geschöpfen und allem Geschaffenen. Wir werden dann gar nicht anders können, als respektvoll mit uns selbst, unseren Mitmenschen und auch respektvoll mit unserer Umwelt und ihren Ressourcen umzugehen. Viele sind gesellschaftlich und politisch engagiert. Dorothee Sölle hat das in »Mystik und Widerstand«[7] zusammengefasst und beschrieben.

Meditierende Menschen werden den Wunsch haben, sich in Gruppen von Gleichgesinnten zu bestärken. Meditation macht eben nicht einsam. Es ist nicht der Rückzug von der Welt. Es ist keine egozentrierte Nabelschau. Im Gegenteil. Menschen mit kontemplativer Lebenshaltung werden tiefes Mitgefühl und überquellende Liebe für ihre Mitmenschen und Mitgeschöpfe und die Natur entwickeln. Sie werden Verbundenheit erleben und gleichzeitig ein gutes Gespür für die Autonomie und Grenzen der Anderen und ihrer selbst haben.

Meditierende Menschen werden den Wunsch haben, sich in Gruppen von Gleichgesinnten zu bestärken.

---
[7] Dorothee Sölle, »Mystik und Widerstand«, 1997.

Gibt es eine Wechselwirkung von Meditation und Psyche – ersetzt Meditation gar die Psychotherapie?
Jetzt wird es ganz spannend! Nein, Meditation ersetzt keine Psychotherapie.

Für die Erkrankungen der Seele braucht es einen Psychotherapeuten. In der Therapie wird der erkrankte Mensch im Mittelpunkt stehen.

Die Meditation hat keinen therapeutischen Ansatz und hier steht die Ausrichtung auf Gott im Mittelpunkt. Aber ich sehe Gemeinsamkeiten oder besser Schnittmengen.

Nehmen wir z. B. das Gedankenkreisen. In gewissem Maße haben wir das alle. Wir denken unglaublich viel den ganzen Tag, oft ist es negativ und sehr oft denken wir den gleichen Gedanken immer wieder. Das ist zunächst ganz normal. Die Gedanken können aber auch so dominierend werden, dass das Gedankenkreisen einen Krankheitswert bekommt und am Leben hindert.

Ein Lernziel in der Psychotherapie, etwa bei depressiven Menschen und auch bei Angstpatienten, ist, das grüblerische Gedankenkreisen oder gar das katastrophisierende Denken zu unterbrechen.

Und in der Meditation üben wir genau das: wiederkehrende Gedanken wahrzunehmen und bewusst gehen zu lassen.

Jede Form von Achtsamkeit und das bewusste Hinspüren zu sich selbst und den eigenen Bedürfnissen hat etwas mit dem Selbst-bewusstsein (im wahrsten Sinne des Wortes) und dem Selbstwert zu tun. Ebenso mit einer gesunden Abgrenzung. Falls jemand in einer Psychotherapie an diesen Themen arbeitet, sehe ich hier Berührungspunkte zu einem spirituellen Übungsweg. Ein Mensch, der immer tiefer in die kontemplative Lebenshaltung hineinwächst, wird meiner Meinung nach auch immer liebevoller mit sich selbst und seinen Grenzen umgehen.

Was sagt die Medizinerin – stimmt es, dass Meditation gut für die Gesundheit ist?
Schöne Frage! Ja, ich glaube schon. Da sollten wir aber genauer hinschauen.

Ich finde die Frage nach der Wirkung von Meditation auf den Körper, den Geist und den ganzen Menschen sehr spannend. Eine wirkliche Aussage in medizinisch-wissenschaftlicher Hinsicht ist aber nicht einfach. In vielen Artikeln liest man den Satz »Studien haben gezeigt, dass Meditation positiv auf den Körper wirkt«. Und dann folgen Aufzählungen über verminderte Angst, bessere Stressresistenz, erhöhte Konzentrationsfähigkeit, Verlangsamung des Alterungsprozesses, die entspannende

Wirkung auf den Blutdruck und vieles mehr. Die kritische Naturwissenschaftlerin in mir fragt sofort nach der zitierten Quelle und nach der Studie, die beschrieben wird. Innerhalb der Studie interessiert mich das sogenannte Studiendesign, also wie viele Menschen über welchen Zeitraum zu welcher Wirkung von Meditation mit welchem Untersuchungsinstrument beobachtet wurden. Und ganz wichtig: Wovon genau ist eigentlich die Rede? Was ist gemeint, wenn von »Meditation« gesprochen wird? In den Studien gehen Begriffe wie Mediation, Achtsamkeitsübungen, Entspannungsübungen und MBSR oft durcheinander. Dann wird noch über Yoga und andere Körperübungen geschrieben und alles wird in einen Topf geworfen. Also Vorsicht mit Pauschalaussagen wie »Meditation ist gut für die Gesundheit«.

Wirklich fundiert könnten wahrscheinlich Neurowissenschaftler in Zusammenarbeit mit Psychologen und Soziologen der Forschungsfrage nachgehen, was Meditation im Menschen bewirkt. Ich bin da keine Expertin.

Ich möchte aber noch ein kleines Detail im Zusammenspiel von Meditation und Körper erwähnen: So manche Meditierende mögen sich schon geärgert haben, dass ausgerechnet in der Stille der Darm so laut gluckernde Geräusche von sich gibt. In Wahrheit wäre das ein Grund, ganz stolz auf sich zu sein! Hier ist das parasympathische Nervensystem am Werk. Kurz erklärt: Wir haben ein sogenanntes sympathisches und ein parasympathisches Nervensystem. Das sympathische Nervensystem ist immer dann besonders aktiv ist, wenn es um Flucht und Verteidigung, wenigstens aber um erhöhte Alarmbereitschaft geht. Fühlen wir uns in Sicherheit und kann Entspannung einsetzen, wird das parasympathische Nervensystem aktiver. Jetzt ist Zeit und Raum für Regeneration und für Verdauungstätigkeiten. Wenn also beim nächsten Mal in der stillen Sitzzeit wieder einmal der Bauch von sich hören lässt, dürfen wir uns innerlich auf die Schulter klopfen und wissen, dass wir immerhin schon unser Nervensystem davon überzeugen konnten, dass wir in Sicherheit sind!

Dieses Wohlgefühl, Entspannung und Ruhe ist doch ein schöner und willkommener Nebeneffekt, wenn auch nicht das eigentliche Ziel.

Welchen Stellenwert hat der Gottesdienst für meditierende Menschen?
Das beantworte ich mal ganz subjektiv, so wie es sich für mich anfühlt. Der tiefere Sinn von Liturgie ist für mich Ausdruck von Spiritualität. So ein Reichtum an Zeichen im Gottesdienst! Ich

Dieses Wohlgefühl, Entspannung und Ruhe ist doch ein schöner und willkommener Nebeneffekt, wenn auch nicht das eigentliche Ziel.

bin katholisch sozialisiert und das Wichtigste im ganzen Gottesdienst war und ist mir die Eucharistie. Ich zitiere Teresa von Ávila sinngemäß: In der Eucharistie ist Gott direkt greifbar, wir »verleiben« ihn uns ein und haben unmittelbaren und direkten Kontakt zu ihm. Er kommt uns körperlich ganz nah. Teresa hat ihre Mitschwestern aufgefordert, sich diesen besonderen Moment direkt nach dem Kommunionempfang bewusst zu machen und ihn möglichst oft zu suchen.

Ich profitiere auch sehr von den Menschen, mit denen ich gemeinsam Gottesdienst feiere. Ich erlebe ganz direkt, dass wir miteinander auf dem Weg sind. Immer wieder kommen wichtige Impulse aus dem Gottesdienst oder den Gesprächen danach. »Der Mensch wird am Du zum Ich« (Martin Buber, 1878–1965). Ebenso kann ich den Gedanken des Teilens nur in Gemeinschaft erleben.

Für mich persönlich dürfte der Gottesdienst mehr stille Momente enthalten, wenigstens gelegentlich.

Gibt es eigentlich sowas wie Ökumene oder sogar Interreligiosität in Bezug auf Meditation?
Ich habe noch nie erlebt, dass bei einem Angebot zur christlichen Meditation nach der Konfession gefragt worden wäre. Mir sind im Bereich der Meditation auch keine theologischen Streitfragen bekannt, wie etwa beim Thema Abendmahl/Eucharistie oder der Frage, was Frauen dürfen und was nicht. Religionsübergreifend sehe ich keine großen Schwierigkeiten mit Menschen aus dem Judentum und dem Islam. Ich denke, dass wir in der Tiefe das Gleiche wollen. Wir sind alle auf der Suche nach Gott. Sehnsucht nach *Unio mystica* haben wir alle. Die Begrifflichkeiten unterscheiden sich und jede Religion hat eine gewisse Vorstellung von der Welt und vor allem von dem, was über das Weltliche hinausgeht. Mein Gottesbild ist nur ein Hilfskonstrukt, das ist mir bewusst. Dass alle Zuschreibungen, die ich an Gott mache, nicht stimmen, weiß ich auch. Ich denke, das geht Menschen aus anderen Religionen genauso. Jedenfalls denen, die eine suchende und fragende Haltung haben, die einkalkulieren, dass das Ziel ihrer Suche immer nochmal ganz anders ist und mit menschlichem Denken ohnehin nie zu erfassen sein wird, die tolerant sind für andere Sichtweisen und nicht darauf beharren, die (religiöse) Wahrheit zu besitzen.

Das leitet ja wunderbar über zur letzten Frage: Ist also die Suche nach Gott das eigentliche Ziel der Meditation?
Kurze Antwort? Ja!

Und gibt es eine lange Antwort?
Eine ganz persönliche. Ich versuche es mal – wohlwissend, dass die sprachliche Ausdrucksmöglichkeit im Bereich der mystischen Erfahrung sofort an ihre Grenzen kommt und auch immer unvollständig bleibt: In der stillen Sitzzeit bereite ich in mir einen Raum und übe das auf meiner Seite Mögliche, um Gott nahe zu kommen. Darüber hinaus übe ich diese gleiche Haltung auch in meinem sonstigen Alltag. Mein Ziel ist die immer größere Einwilligung in alles, was geschieht. Das immer größer werdende Vertrauen auf Gott. Die immer tiefere Demut und Dankbarkeit. Das Loslassen von allem, was mich von mir selber, so wie Gott mich gedacht hat, trennt. Und das Loslassen von allem, was mich von Gott trennt. (Vielleicht ist das auch dasselbe.) Mein Ziel ist auch eine tiefere Erkenntnis in allem, aber mehr spürend und ahnend als intellektuell wissend.

Und das alles, ohne irgendein Machen, ohne irgendein Wollen. Im puren Mich-überlassen und Dasein vor und in und mit Gott.

Vielen Dank für das intensive Gespräch!
Herzlichen Dank für die Möglichkeit, über meine Herzensangelegenheit sprechen zu können!

Die Fragen stellte Heiko Wulfert.

Das Loslassen von allem, was mich von mir selber, so wie Gott mich gedacht hat, trennt. Und das Loslassen von allem, was mich von Gott trennt.

Dr. Christiane Stößel, Jahrgang 1970, ist im Rheinland aufgewachsen und lebt in ihrer Wahlheimat in Unterfranken.
Sie ist Ärztin. Im beruflichen Kontext hat sie viel Erfahrung in den Grenzbereichen des menschlichen Lebens, der Geburt und dem Tod, gesammelt. In ihrem beruflichen Alltag hört sie die Lebensgeschichten von Menschen mit entscheidenden Lebensfragen.
Nebenberuflich möchte sie den Zugang zur Meditation für möglichst viele eröffnen. Sie ist als geistliche Begleiterin und Meditationsanleiterin sowie im meditativen Tanz weitergebildet. Sie nutzt Körper- und Atemarbeit sowie Klänge und Gesang als Unterstützung auf dem spirituellen Weg.

Was bewegt mich –
Was hält mich auf dem Weg der Beschäftigung mit Meditation?

von Ingrid Vogel

1. Vorüberlegungen – Meine Lebensthemen
Dieser kurze Beitrag soll eine Betrachtung unterschiedlicher Aspekte sein, die ich unter obigem Thema zusammenfassen möchte. Einige Grundparameter von Meditation werde ich dabei besonders hervorheben, was aber nicht bedeuten soll, dass anderes nebensächlich wäre. Besonders die Leiblichkeit, die für mich in der Berneuchener Tradition einen Namen gefunden hat, soll im Mittelpunkt stehen.

1.1 Meditation – welche persönlichen Zugänge haben mich geprägt?
Meditation zu beschreiben, ist m. E. nicht wirklich möglich. Meditation ist ein Erfahrungsweg mit sehr unterschiedlichen Zugängen, selbst dann, wenn man bei der »christlichen« Meditation bleiben möchte. Ein Erfahrungsweg ist – wie das Wort sagt, geprägt von eigenen Erfahrungen, aber er prägt auch die eigenen Erfahrungen.

1.2 Mein altes Thema: Spiritualität und Musik
In meiner Schulzeit bereits habe ich am Mozarteum, der Musikhochschule in Salzburg, zuerst Klavier, dann Orgel und dann Kirchenmusik studiert. Mein Berufswunsch war klar: Musik- und Mathematiklehrerin am Gymnasium, daneben Kirchenmusikerin. Auch heute noch singe ich in einem anerkannten Chor in Wien.

Musik ist für mich Spiritualität im Herzen. Meditation in Tönen, und ein Klingen des Herzenswortes. Musik durchklingt Spiritualität und Meditation, sie sind für mich zu einem ganz wesentlichen Anteil mit Musik verbunden.

Wie stark Musik auch mit meiner eigenen Körperlichkeit zu tun hat, musste ich erkennen, als ich mein Musikstudium wegen chronischer Probleme im rechten Arm und in der Hand aufgeben musste.

1.3 Die Frage nach Meditation im Recht
Recht und Spiritualität? Als promovierte Juristin habe ich mich diesen Fragen immer wieder gestellt. Ja, hier frage ich nicht vorrangig nach Meditation – denn Recht hat meiner Einschätzung

nach weniger mit Meditation aber doch einiges mit Spiritualität zu tun. Denn was aufs erste weit auseinander zu liegen scheint, ist doch ganz eng verwoben.

Ein kurzer Exkurs soll dies verdeutlichen: Was Recht ist, hat noch keine allgemein gültige Definition gefunden. Oft wird Recht einfach als verbindlicher Ausdruck von Religion, Moral oder Ethik verstanden. Es ist ein in sanktionierbare Form gegossenes Mittel zur Ordnung, zur Eindämmung von Gewalt, zur Durchsetzung von Gerechtigkeit oder die Festschreibung von Pflichten, beziehungsweise dem, was dem Einzelnen oder einer Gemeinschaft zusteht. Es soll helfen, eine Ordnung zu bewahren, die von einer Gemeinschaft als verbindlich gesehen wird. Damit wird deutlich, dass sich die Frage nach der Ordnung, genauerhin nach der ordnenden Macht vor die des Rechts schiebt. Diese Frage ist nichts anderes als die Frage nach dem Wertesystem einer Gemeinschaft.

Die Frage nach den Werten hat aber immer eine religiöse Komponente. Die Gebote des Rechts, die Sittlichkeit und die Sitte sind in ihren Anfängen nicht unterschieden, Moral und Ethik nicht getrennt. Vor allem im präpositiven Recht ist diese Einheit noch weitgehend gegeben. Die Rechtsgeschichte ist somit ein Spiegel des jeweiligen Weltbilds der Gruppe. Daraus wird deutlich: Recht basiert auf der religiös-sakralen Ordnung. Recht und Religion sind daher immer in engster Verbindung zueinander zu sehen, Rechtsgeschichte und Religionsgeschichte in gegenseitiger Abhängigkeit zu verstehen.

Daher ist es auch immer nötig, den Raum der Rechtskultur zu benennen. Unser Rechtssystem wurzelt in den religiösen Systemen und den Rechtsanschauungen des Vorderen Orients und des Mittelmeerraums bis zur Antike. Im Recht des Vorderen Orients erhielten die Normen ihre absolute Gültigkeit allein durch das göttliche Wort. Rechtssysteme, die sich auf eine göttliche Autorität berufen, wie das jüdische und islamische, oder wie der Hinduismus auf das Weltgesetz oder der Konfuzianismus auf die Harmonie der Energien zwischen Himmel und Erde, sind der Verfügbarkeit des Menschen weitgehend entzogen. Auch in der in der Scholastik begründeten römisch-katholischen Lehre vom *ius divinum* und dem *ius humanum* findet sich diese Unverfügbarkeit und Unhinterfragbarkeit in Bezug sowohl auf das Naturrecht als auch auf das sogenannte Offenbarungsrecht. Im *ius divinum*, der unumstößlichen Ordnung, die in der Natur des Menschen und der Dinge begründet liegt, ist die Grundlage für alles *ius hunanum* zu sehen. »Die starke Anbindung des Rechts an die Moral beinhaltet, dass die Folgen von Fehlverhalten im Hier und Jetzt über den Tod der so handelnden Person hinaus wirksam bleiben (z. B. Jüngstes Gericht, Wiedergeburt) und somit die Ermahnungen zur Einhaltung der Ordnung von metaphorischer Bedeutung sind.«[1]

Die religiösen Überzeugungen setzen aber auch im inhaltlichen Bereich die normierenden Maßstäbe: »Die Offenbarung des Alten Bundes und das Bild von einem Ursprung des Menschengeschlechts geben den vormaligen antiken Ahnungen von der Würde des Menschen, seiner Freiheit, erste Kontur. Namentlich die sophistische, kynische und stoische Ahnung von der Einheit des Menschengeschlechts und der Gleichheit der Menschen untereinander gewinnen in der Auffassung vom Menschen als dem Ebenbild und Bundesgenossen Gottes feste Gestalt [...]. Eine epochale Ideenwende geschieht, unter mancherlei Gesichtspunkten, im Neuen Bund und seinem Werk, dem Christentum: [...] der Logos, den die Griechen als Idee schauten, ist in Gottes Sohn, der sich Menschensohn nennt, Fleisch geworden. [...] Mit dem fleischgewordenen Gott ist der Tatbestand der Gleichheit ausnahmslos aller Menschen über alle Schranken hinweg gesetzt [...]«[2]. Damit setzt die Möglichkeit an, allgemeine Menschenrechte für alle gleich gültig zu formulieren.

Vielleicht erahnen die Lesenden, wie stark diese Fragen mit den Fragen der Spiritualität, der Leiblichkeit und der Würde des Menschen zu tun haben, Daraus ergibt sich auch folgerichtig, dass letztlich nur die Meditation, die tiefe Versenkung in die Weisheit Gottes und das Hineinhorchen in die Seele der Menschen, Recht schaffen kann.

1.4 Raum und Meditation

Ganz wesentlich ist mir die Frage der Spiritualität von Räumen geworden – der öffentliche Raum – der halböffentliche Raum – der Kirchenraum.

In der Beschäftigung mit diesen Fragen kam ich zur Kirchenraumpädagogik – eine Form des meditierenden Raumerlebens mit allen Sinnen.

Dazu kommt ein ganz anderer Aspekt: Raum auch als Raum, der ich bin, als Leibgestalt. Der Mensch als Inkarnation von Raum. Für mich ein spannender und anregender Gedanke, den ich viel später in der Tradition Berneuchens wiederfand. In vielen vorbereitenden Übungen zum Sitzen in der Stille wird genau diese Form der »Raummeditation«, des Erfahrens von Bewegung im Raum, das Vollführen von Gebärde zu einem eigenen Schritt der Meditation.

---

[1] Peter Antes, Recht II. Religionsgeschichtlich, RGG IV, Sp. 86.
[2] René Marcic, Geschichte der Rechtsphilosophie, Freiburg 1971, 42f.

Die Seminare mit Bruder Manfred Schnelle haben viele von uns in der Meditationsarbeit nachhaltig geprägt. Auch die Meditationsform des »Initiatischen Gebärdenspiels« nach Silvia Ostertag eröffnet immer wieder neue Ebenen der Meditation im Raum.

Aber nicht nur der Mensch ist ein »Raumwesen«, Gott selbst macht sich räumlich erfahrbar – in Jesus Christus geht er ein in Zeit und Raum, durchlebt und durchwebt Räume.

Viele philosophische, soziale und natürlich auch architektonische Fragen könnten hier noch Platz finden. Wesentlich für die Meditation scheint mir, dass Raum zuallererst Beziehungsraum ist, und damit Wahrnehmungsraum, Bewegungsraum, Erlebnisraum, Aktionsraum, er ist Stadtraum und Wohnraum – und damit ist er konkreter Raum, wie die Soziologie es formuliert. Und er ist abstrakter Raum, virtueller Raum, gesellschaftlicher Raum. Ich denke allein diese Aspekte zeigen, wie wesentlich Raummeditation, auch als theologische Herausforderung sein kann. Nur ein kleiner Denkanstoß: Ist Raum ein geschaffener Gegenstand, oder eine Ordnung zwischen geschaffenen Dingen? Dank des Raumes existieren wir Menschen nicht einfach im Geist Gottes, sondern leben in der Schöpfung als dem Zwischenraum, in dem Freiheit und Abgrenzung garantiert sind, in dem Kommunikation als Voraussetzung einer personalen Beziehung zu Gott und zu den Mitmenschen möglich ist.

Um auf die Anfänge der Meditationsbewegung in der Bruderschaft zu rekurrieren, erinnere ich an Carl Happich, der allein schon mit seinem Gang auf die Wiese und auf den Berg Raummeditation in großer Tiefe anregte[3].

1.5 Abgrenzungsfragen und -probleme

In den vielen Jahren der Beschäftigung mit Meditation, Kontemplation und Spiritualität stellten sich immer wieder Fragen nach dem, was für mich integrierbar ist und wo ich mich – und auch meine Arbeit als Pfarrerin und als Kontemplationslehrerin – abgrenzen möchte und vielleicht auch muss.

Andererseits ist es genau die Weite, die Spiritualität ausmacht. Dämpft den Geist nicht! Wir können den in der Meditation wirkenden Geist Gottes nicht in Kästchen sperren und begrenzen. Je länger ich auf dem Weg bin, desto weiter wird mein Blick, desto weniger ängstlich das Fragen nach dem, was erlaubt ist, was »man« als Christ tun kann.

Gerade in der Berneuchener Tradition haben sich Meditierende immer wieder den Fragen des östlichen und des westlichen Weges

---

[3] Carl Happich, Anleitung zur Meditation, Darmstadt 1938.

gestellt. In vielen Ausgaben von Quatember kann man dazu die unterschiedlichsten Aspekte nachlesen, manche ängstlich einschränkend, andere jegliche Grenzen überschreitend. Wir stoßen auf das Grenzgebiet zur Esoterik, zu neuen religiösen Formen, z. B. im Bereich der integralen Religionswissenschaft. Was dem einen die innere Weite ermöglicht, kann manch anderem auch eine Hilfe sein, wenn schützende Grenzen so etwas wie Wegmarken sein können. Paulus war davon überzeugt, dass uns als Christen alles erlaubt ist, aber nicht alles nützlich und hilfreich ist, und dass wir vor allem um derer willen, die uns anbefohlen sind (seien sie die Starken oder die Schwachen im Glauben, das ist nicht das Thema), nicht alles vermengen sollten.

1.6 Meditation gibt es nur im Leib

Wir haben nicht einen Leib, wir sind Leib.

Wir haben nicht einen Leib, wir sind Leib. So die eine Formulierung. Und doch – wir haben auch einen Leib, oder besser einen Körper. Das unterscheidet uns vom Tier: Die Zweiheit von Sein und Haben, das biologische Sein im Leib und die Möglichkeit, unseren Körper zu vergegenständlichen, ihn zu haben und zu nützen wie einen Gegenstand, der uns gegenübersteht.

In fast allen dieser Bereiche geht es letztlich um die leibhafte Gestalt – leibhaftes Glauben, leibhafte Spiritualität, verleiblichtes Meditieren und Erleben.

Der leibhafte Ansatz ist mir besonders wichtig geworden. Mein eigener Zugang zum Glauben war immer ein leibhafter: durch das Betrachten von Kunst – meine Mutter hat mich besonders in das Betrachten der Malerei und der Architektur eingeführt –, durch Ballett und Tanz und Sportgymnastik schon im Volksschulalter und wie schon gesagt, durch die Musik.

Die theoretische – theologische – Beschäftigung wurde durch zwei Pastoralkollegs in Pullach intensiviert, die ich als Co-Referentin begleiten durfte.

Dazu kommt die intensive Auseinandersetzung mit dem Satz: »Du bist, was Du isst«. Dieser Satz hat für mich einerseits im Zusammenhang von Schöpfungsverantwortung, Bewusstwerden problematischer Nahrungsmittelproduktion und eigenen Nahrungsmittelunverträglichkeiten Bedeutung gewonnen.

Andererseits aber ist dieser Satz sehr nahe in der Meditation der eucharistischen Spiritualität. In der Ausbildung von Lektorinnen und Lektoren zur Sakramentsverwaltung komme ich mit den Lernenden bei jeder Ausbildungsphase an diese tiefe und unausweichliche Frage: Was und wer ist nun dieses Brot, was bedeutet die Inkarnation in uns selbst hinein, das Anteilhaben am Corpus Christi.

Was bewegt mich | *Ingrid Vogel*

Foto: Rolf Gerlach

Wie eine Randerscheinung tritt neben diese tiefen theologischen und existentiellen Themen die Frage von Wellness als spirituelles Erleben. In einer Thermenregion wie dem an Wien angrenzenden südlichen Niederösterreich und dem Burgenland holt uns aber genau dieser Aspekt von Leiblichkeit und Körperkultur immer wieder ein, besonders dadurch, dass wir als Pfarrer und Pfarrerinnen auch öfter angefragt werden, entsprechende geistliche Begleitungen zu übernehmen, Vorträge zu halten und Seelsorge in den Kurorten zu üben.

Essay

> *Viele Menschen suchen nach dem (auch spirituellen) Einklang von Körper, Geist und Seele.*

Wellness boomt. Viele Menschen suchen nach dem (auch spirituellen) Einklang von Körper, Geist und Seele. Christliche Gruppen und Gemeinden werden neu aufmerksam für die leibliche Dimension des Menschseins und des Glaubens: Meditation, ganzheitliche liturgische Formen, Seelsorge als Leibsorge, leibliche Verkörperung und Verkündigung der biblischen Botschaft durch bibliodramatische Textzugänge und Erlebnispädagogik sind wichtige Stichworte.

»Die Leiblichkeit des Menschen korrespondiert mit grundlegenden theologischen Daten wie Geschöpflichkeit, Inkarnation, leibliche Auferstehung, leibhafte Teilhabe am Leib Christi in Taufe und Abendmahl und der Hoffnung auf das Eingehen in einen himmlisch-geistlichen Leib. Wichtige theologische Fragen stellen sich neu: Was bedeutet das Ineinander von Leib, Seele und Geist für das Menschsein? Wie entfalten sich die leiblichen Dimensionen des christlichen Glaubens? Zu buchstabieren ist, wie die Werke Gottes in der Verleiblichung ihr Ziel finden (Oetinger) und was dies für ein Leben im Glauben und die Glaubensweitergabe heute heißt.« Das ist der Ausschreibungstext eines zweiwöchigen Seminars im Pastoralkolleg der VELKD in Pullach, das im Jänner 2007 stattgefunden hat. Die komprimierten Zeilen machen bereits die Komplexität des Themas deutlich.

Meditation als Erfahrung im Leib, Besuche in Wellness-Oasen, in einer Kneipp-Anstalt, bei röm.kath. Schwestern in ihrer Form von Leibmeditation, Fastentage, kreative Meditationsformen, meditativer Tanz u. v. m. haben die 14 Tage geprägt.

1.7 Meditation – ein Weg der Ganzheitlichkeit – mit Grenzen
Die WHO definiert Gesundheit – health – als »state of complete physical, mental and social *well-being*«.

Das biblische Heilskonzept meint ein Gesegnetsein, »beruchsein«, an Leib, Seele und Geist, dann werden mir Menschen, die von einem holistischen Wellness-Konzept ausgehen, sagen, dass sie das ja auch wollen: Körper, Seele und Geist in Harmonie und Einklang bringen. Wellness will heute über das rein Körperliche hinaus Sinn vermitteln. »Mindness« ist dieses neue Stichwort. Und ein weiterer neuer Begriff hat sich Bahn gemacht: »Selfness«. Das Bemühen, sich selbst zu verändern. Man will Veränderung, man will nicht mehr nur anders fühlen, man will auch anders sein.

Dem entspricht die Coaching- und Therapiekultur, der Trend zu Kreativseminaren jeder Art, aber auch die Diätomanie, das Piercing, die Tätowierungen und Extremrisiko- und Abenteuersport, wo man bewusst an die äußersten Grenzen des Leibes und des Lebens geht. Durch Aktivität will man dem Ideal von jung, schön, fit und erfolgreich näher kommen.

Vielleicht ist manchen schon aufgefallen, dass genau solche Seminare immer auch Meditation beinhalten. Auch wenn diese in einem gewissen Gegensatz zu dem Aktivismus steht, wird sie dort eingesetzt als Möglichkeit zum Cocooning, als Gegengewicht im Rückzug aus dem Treiben, und mitunter sogar als Rückzug ins Kloster als Ort der Einfachheit und der Stille. Meditation – so sage ich es – pervertiert als Beruhigungsmethode.

1.8 Esoterik?

Vieles was im Meditations- und Wellness-Bereich angeboten wird, ist einzustufen nahe am sogenannten esoterischen Angebot.

Der Rechtssoziologe und Rechtsphilosoph Prof. Dr. Peter Strasser sagte zum Thema »Wellness – Religion oder Zukunft Gottes«: »Im Neomystizismus kann man das spielerische Ausagieren von irrationalen Bedürfnissen nach Mystik und Magie, nach Aura und Erwählung erkennen; nach Wiederverzauberung der Welt.«

Angebote, die aus dem Fernen Osten zu uns herübergeschwappt sind, scheinen nach dem Erleben des westlichen Gemüts das Märchen von Tausend und Einer Nacht auferstehen zu lassen.

Betörende Düfte von Räucherstäbchen, Duftlampen und Massageölen entrücken die Sinne. Das für unsere Tradition Nichtdurchschaubare energetischer Flüsse im Körper wirkt magisch anziehend. Für den Wellness-Bereich speziell gilt wohl die Regel: Die Addition mehrerer Sinneserlebnisse steigert den Wert – das Fühlen und Schmecken, Riechen und Hören und auch das Sehen kommen nicht zu kurz. Nicht nur beim Genießen lecker angerichteter Speisen, sondern auch beim Blick in die Landschaft, bei Farb- und Bildtherapien und vielleicht sogar beim Anblick anderer wohlgeformter Wellnesserinnen und Wellneser.

Mit Esoterik im ursprünglichen Sinn hat das aber alles nichts zu tun. Manches sind uralte, weise durchdachte und auf langer Erfahrung beruhende Übungen und Meditationspraktiken. Sie verfolgen letztlich das gleiche Ziel wie christliche Meditation: den Weg zu Gott und zum eigenen Ich zu erschießen, und dabei die Welt im Auge zu behalten. Andere der Meditationsformen fördern das Gefühl, selbst etwas dazu getan zu haben, und sich selbst auch etwas Gutes getan zu haben. (Immerhin sind wir Menschen ja von unserer Struktur her zumindest Semipellagianer.)

Mit Esoterik im ursprünglichen Sinn hat das aber alles nichts zu tun.

Solange wir uns auf dem Boden ehrenwerter, alter Traditionen bewegen, sind das auch gute Wege abseits der Scharlatanerie. Schwierig wird es für mich persönlich dort, wo selbsternannte Heilsversprecher mit einigem Brimborium für viel Geld Menschen verführen. Noch schwieriger wird es, wenn körperlich eingegriffen wird mit Wundermassagen oder auch durch angeblich sofort wirkende Abnehmprogramme und dergl., die dem Körper kein Wohl sondern Schaden zufügen. (Dafür wird inzwischen auch der Ausdruck »*Wellnep*« gewählt.)

1.9 Ein Blick in die Bibel und die Tradition unseres Glaubens
»Christliche Askese ist out. Im Kommen ist spirituell transzendierte und transpirierte Wellness«[4], unter der Überschrift: »Ich schwitze, also glaube ich?« Die Feststellung, dass 1998 ein Drittel der Eidgenossen nichts mit dem Begriff »Wellness« anzufangen wusste, hat mir gezeigt, wie schnelllebig Trends sind. Inzwischen ist es selbstverständlich, Wellness als Teil des Lebens zu verstehen. Herren konstatiert, dass Menschen tatsächlich auch im Saunabereich und bei Fitnesstrainings nach Lebenssinn suchen.

Für viele scheint es dabei wichtig zu sein, dass sie sich auf den Weg zum Wohl und Heil machen. Meditation als Methode auf einem solchen Weg.

Doch ist der Weg das Ziel?

Für mich ist *ein* ganz wesentlicher Unterschied zwischen Christentum und östlichem Denken genau die Frage: Für den Osten gilt der Satz: »Der Weg ist das Ziel«. Für uns gilt der Satz: »Das Ziel ist jenseits des Weges« oder wie Reinhard Gattinger sagt: »Ohne Ziel gibt es keine Orientierung«. Ich möchte dieses Wort jetzt tatsächlich wörtlich nehmen im alten Sinn von der Ausrichtung auf das aufgehende Licht – *ex oriente lux* – zielgerichtet als Orientierung auf das Licht des ewigen Lebens. Dazu kann mich Meditation führen, dabei ist mein Ansatz die Frage nach dem biblischen Menschenbild.

Gott schafft den Menschen zu seinem Bild. Der Mensch ist ein je individuelles Geschöpf Gottes. Das Ziel unseres Lebens ist das Heilwerden in Gott, die Rückkehr zum Ursprung des Seins in Gott. Aus diesem Blickwinkel ist ein *Well-beeing* das Geschenk Gottes, das uns aus Gnade zugeeignet ist. Es geht um dieses Gesegnetsein, das für den Menschen – ja für die ganze Schöpfung – das Ziel jenseits dessen ist, was vom Menschen machbar und mitbestimmbar ist. Im biblischen Sinn also ist meiner Meinung nach Well-beeing, oder meinetwegen auch Wellness, nicht zu trennen von Erlösung. Und die wiederum gibt es für mich nur in Jesus Christus, der leibhaftig in diese Welt mit all ihren Schrecken aber auch mit all ihrer Schönheit eingegangen ist.

> *Das Ziel unseres Lebens ist das Heilwerden in Gott, die Rückkehr zum Ursprung des Seins in Gott.*

---

[4] sic! Matthias Herren, in: Die Kirche, vom 15.1.2006, 3.

Der Wiener Weihbischof Helmut Krätzel † sagte in einem Referat im Haus der Barmherzigkeit in Wien 2006 »»Geistliche Wellness« ist, wenn überhaupt, nicht nur in spiritueller Ekstase zu finden, sondern im ganz gewöhnlichen Alltag. Gott hat die Welt so geschaffen, dass man sie genießen darf, ja soll.«

2. Wo sich für mich die unterschiedlichen Aspekte treffen
Der ganze Komplex der Leiblichkeit spiegelt sich in meiner Kontemplations- und Gottesdienstpraxis wider.

Nicht nur aus der Kindheit und Jugendzeit begleitet mich intensives Körpererleben. Seit gut 40 Jahren auf dem Weg des Herzensgebets lebe ich auch spirituell sehr intensiv in meinem Leib und mit meinem Körper. Das hat seinen Niederschlag gefunden, wie ich Gottesdienst in der Gemeinde feiere, wie ich Sitzungen leite, wie ich Konfirmandenunterricht gestalte, und vieles mehr.

In vielen Gottesdiensten sind haptische und olfaktorische Elemente wichtig. Segnung, Salbung, Veranschaulichung durch Bilder, Bibliodrama und Bibliolog setzen das Wort körpernah um, und vor allem Lieder, Psalmen und Musik, sie gehören zu den regelmäßigen audio-visuellen Bereicherungen des reinen Wortes. Das Gebet der Tageszeiten ist mir dabei immer existentiell wichtiger geworden[5].

Besonderen Wert lege ich in der Ausbildung von Lektorinnen und Lektoren auf die liturgische Präsenz. In diesem Bereich meiner Arbeit, die ich über 35 Jahre diözesan und österreichweit tun durfte, war mir auch der Vorleser aus dem Geistlichen Pfad immer ein unverzichtbarer Begleiter. Auch wenn nicht alle Schritte von Ritter für Lektorinnen und Lektoren heute nachvollziehbar sind, so sind doch wesentliche Aspekte meditativer Zugänge zu dem Amt sehr wichtig. Das beginnt mit der Aufforderung zu hören, und sich als Hörender auf den Weg zum Lesenden zu machen.

Und vor allem: Ich feiere gerne Eucharistie im Sinne der Einverleibung des *Corpus Christi*. Ich freue mich an Taufen und ergänze so manches trockene Wort mit symbolischen Handlungen.

Im Konfirmandenkurs in meiner ehemaligen Gemeinde hielten wir zwei einwöchige Blockveranstaltungen, in denen ich mit den Jugendlichen viel meditiert habe – auch wenn ich das meist nicht so nannte. Wanderungen auf dem »Weg des Buches« mit dem Erleben von körperlicher Anstrengung, landschaftlicher Schönheit und Spaß in der Gruppe bestimmen einen Teil unseres Konficamps. Spielerisches Erarbeiten der Inhalte, Elemente der

Ich feiere gerne Eucharistie im Sinne der Einverleibung des Corpus Christi.

---

[5] Ingrid Vogel, Die Tageszeitenliturgie, in: Hans-Christoph Schmidt-Lauber, HB der Liturgik, Leipzig 1999, 286–284.

Erlebnispädagogik und der Kirchenraumpädagogik und natürlich Morgengebet, Abendgebet und Komplet hatten einen fixen Platz. Gelebte *communio sanctorum* zeigten den Jugendlichen, dass Christsein mehr ist als Kirchenbeitrag und sporadischer Kirchenbesuch.

Thomasmessen, Gruppen, die das Herzensgebet üben, Einkehrtage, meditative Reisen und ähnliches ergänzen die Palette dessen, was ich mit Freude immer noch einbringen darf.

3. Meditation – ein Weg
- Meditation – der Weg zur Mitte, und der Weg aus der Mitte, wie er uns im Meditationsrad des Nikolaus von Flüe gezeigt ist.
- Meditation – ein Weg im Leib und mit dem Leib (mit allem, was da dazugehört).
- Meditation – ein Weg des Tuns und des Lassens, der *actio* und der *contemplatio*.
- Meditation – ein Weg, der kinderleicht ist, weil jedes Kind in seinem Spiel meditiert und der dennoch ein Weg ist, der durch »Kenntnis und Können der wahren Meditation nur durch jahrelanges ehrfürchtiges Bemühen erworben wird«[6].
- Meditation – ein Weg immer auch an der Grenze des Gefährlichen, weil er uns an Seinsschichten heranführt, die unserer Macht und unserem Einfluss entzogen sind.
- Meditation – ein Weg, der Welt zugewandt mit ökumenischer Dimension.
- Meditation – ein Weg im Leben und im Sterben.

Pf. i. R. Mag. Dr. Ingrid Vogel lebt in Wien und ist Geschäftsführerin von »pro ecclesia – FÜR DIESE KIRCHE«.

---

[6] Happich, 9.

Meditation in der Bruderschaftswoche der Evangelischen Michaelsbruderschaft

von Horst Stephan Neues

Meditation heißt, Eintauchen in die Gegenwart Gottes.
Die Meditation ist ein fester, täglicher Bestandteil der Bruderschaftswoche. Von Anfang an ist die Meditation auch ein fester Bestandteil geistlichen Lebens der Evangelischen Michaelsbruderschaft.

Meditation in der Bruderschaft:
Als erstes ist bei dem Thema Meditation an den Stifterbruder und Arzt Carl Happich (1878–1947) aus Darmstadt zu denken, der die Bruderschaft von Anfang an insbesondere in die gegenständliche und geführte Meditation eingewiesen hat. Wesentlich für ihn erschien bei der Meditation eine Auflockerung der Zwischenschicht zwischen Tagbewußtsein und Unterbewußtsein.

1948 kamen seine Ausführungen auch in einem kleinen Heft, »Anleitung zur Meditation«, heraus. In besonderen Übungen beschäftigte er sich mit verschiedenen Heiligen Zeichen wie dem Henkelkreuz, dem Christuskreuz, dem Christogramm oder dem Andreaskreuz. Die gegenständliche Meditation und szenische Impulse (Wiese, Wald, Kapelle) bildeten den Kern seiner Meditationsübungen[1]. Diese Technik wurde ohne christliche Impulse von Hans Carl Leuner (1919–1996) weiterentwickelt und findet bis heute unter dem Begriff Kathatym-Imaginatives Bilderleben Eingang in moderne Psychotherapien[2].

Auch der Stifterbruder Karl Bernhard Ritter(1890–1968) war sich der Wirkmächtigkeit der Meditation bewusst, denn er machte ausdrücklich auch auf die Gefahren der Meditation aufmerksam. Zur Technik der Meditation schreibt Carl Bernhard Ritter, dass von Anfang an kein Zweifel darüber aufkommen dürfe, dass es sich bei den Übungen weder um Hypnose noch um ähnliche suggestive Vorgänge handele. Das Ziel müsse sein, dass der Schüler zu selbständiger Meditation befähigt werde. Außerdem, so führte

Von Anfang an ist die Meditation auch ein fester Bestandteil geistlichen Lebens der Evangelischen Michaelsbruderschaft.

---

[1] Carl Happich, Anleitung zur Meditation, Darmstadt 1948, 36.
[2] Hanscarl Leuner, Lehrbuch der Kathathym imaginativen Psychotherapie, ⁴2012.

er aus, dass für seelisch Labile, Kranke und gefährdete Personen ausschließlich die Einzelmeditation in Frage komme[3].

In den 60er-Jahren kamen die Brüder mit der nichtgegenständliche Zen-Meditation in Berührung. Sie lernten den deutsch japanischen Jesuitenpater Hugo Enomiya Lassalle (1898–1990) kennen, der mehrere Jahre in einem buddhistischen Kloster gelebt hatte[4]. Aber es bestand eine westliche Scheu einiger Brüder vor der östlichen Meditationspraxis des Zen. Im Buddhismus wird der persönliche Gott ausgeklammert. Innerhalb der christlichen Mystik wird die Erleuchtung als ein Gnadengeschenk erfahren und stellt eine personale Erfahrung des Absoluten (Gott) dar[5]. Das ging für die evangelischen Michaelsbrüder nicht zusammen. Schließlich fand man im Herzensgebet eine Meditationsform, die ihren geistlichen Übungen entsprach. Carl Bernhard Ritter hat in seinem »Geistlichen Pfad« den Brüdern insbesondere auch die Schriftmeditation näher gebracht[6].

Protagonisten der Schriftmeditation in der Bruderschaft sind auch der Theologe und Sprachwissenschaftler Peter Heidrich (1929–2007)[7] und der alt-katholische Theologieprofessor Christian Oeyen[8].

Herzensgebet und aktive Imagination lernten viele Brüder in mehrjährigen Einkehrtagen auch durch den Schweizer Theologen und C. G. Jung-Dozenten Franz Xaver Jans-Scheidegger[9].

Die Bruderschaftswoche

Der Älteste der Michaelsbruderschaft lädt alle zwei Jahre Brüder in der Probezeit und Aspiranten, die der Bruderschaft näher treten wollen, zu einer klösterlichen Ausbildungswoche ein. Hier sollen die Eleven in Riten, Gebräuche und geistliche Übungen der Bruderschaft eingeführt und angeleitet werden. Diese Einführung findet regelmäßig in Kloster Kirchberg nahe dem schwäbischen Horb statt. Gelegen in einer wunderschönen Landschaft auf der schwäbischen Alb, bilden die regelmäßigen über den Tag verteilten Tagzeitengebete einen festen äußeren Rahmen dieser Einkehrwoche. Die Bruderschaftswoche hat einen modularen Aufbau. Aktive Teilnahme und Üben der Tagzeitengebete stellt

---

[3] Karl Bernhard Ritter, Über die Meditation als Mittel der Menschenbildung, Kassel o. J., 36.
[4] Hugo M. Enomiya Lassalle, Zen-Weg zur Erleuchtung, Freiburg, 1987.
[5] Ebd., 245.
[6] Karl Bernhard Ritter, Der Geistliche Pfad, Meditationen über die siebenfache Gestalt des geistlichen Lebens, 1957.
[7] Peter Heidrich, Weg wird Weg im Gehen, Münster, Hamburg, London, 2000.
[8] Christian Oeyen, Der geistliche Pfad, 2012 in Neubearbeitung.
[9] Franz Xaver Jans-Scheidegger, Das Tor zur Rückseite des Herzens, Münsterschwarzach 1994.

ein Modul dar, ebenso wie Kennenlernen der Evangelischen Messe und Einübung in Psalm-und Messgesänge. Weitere Module sind Bibelarbeit, Leibarbeit, Singen und Meditation. Modulartig erfasst wird auch die Rekreation und der brüderliche Erfahrungsaustausch. In relativ kurzer Zeit entwickelt sich unter den Teilnehmern ein wertschätzendes Gruppengefühl und noch nach Jahren fühlen sich viele Teilnehmer mit ihrer Gruppe verbunden.

Ich versuche im Folgenden, den Ablauf der morgendlichen Meditation zu schildern und einige Erklärungen dazu zu geben.

In relativ kurzer Zeit entwickelt sich unter den Teilnehmern ein wertschätzendes Gruppengefühl [...].

Vorbereitende Übungen zur Meditation mit Leibarbeit
Es ist 6.30 Uhr:
Der Wecker rappelt unerbittlich und Aufstehen ist angesagt. Der Morgen beginnt mit Luthers Morgengebet, Morgensegen, dann Leibarbeit und Meditation. Oft fällt jüngeren Brüdern besonders das Aufstehen schwer, insbesondere, wenn sie am Vorabend noch gemütlich bei Wein und Bier zusammengesessen haben. Deshalb ist in der Bruderschaftswoche vom Probemeister ab 22 Uhr Klosterruhe angeordnet.

6.45 Uhr:
Leibarbeit im Kreuzgarten
Die Eleven versammeln sich im Garten des Kreuzganges. Sie sind barfuß. Das noch feuchte kühle Gras tut sein Übriges zum Wachwerden. Die Leibarbeit konzentriert sich unter Anleitung eines Mitbruders zunächst auf die Atmung. Es tut gut, die kühle Morgenluft bei der Bauchatmung tief im Körper zu wissen, wenn wir die Hand auf den Bauch über den Nabel legen.

»Die Luft, die du atmest ist Gott. Du atmest Gott ein und aus. Werde dir dessen bewusst und verweile in diesem Zustand.«

Es geht in der morgendlichen Leibarbeit darum, seinen Körper achtsam wahrzunehmen. Im Wesentlichen handelt es sich bei der Leibarbeit um Übungen aus der Eutonie. Übungen aus fernöstlichen Körpertechniken wie Yoga, Thai Chi oder Chi Gong nehmen wir heute ebenfalls gerne an, wobei der herabschauende Hund sicherlich eine der populärsten Übungen ist.

»Die Luft, die du atmest ist Gott. Du atmest Gott ein und aus. Werde dir dessen bewusst und verweile in diesem Zustand.«

Die Gelenke werden durchbewegt, die Muskulatur angespannt und die Faszien gedehnt, das Gleichgewicht geübt, der Kreislauf durch den Wechsel von langsamer und schneller Bewegung angeregt
Die Körperarbeit dient auch der Vorbereitung zur Meditation.

7.00 Uhr:
Die Meditation
Nach der körperlichen Vorbereitung gehen die Übenden nun im Schweigen zum Sitzen in die Kellerhalle. Bei der Kellerhalle handelt es sich um einen Raum im Konventsgebäude mit einer Tonnendecke und einem Parkettboden. Wegen ihrer kleinen Kellerluken ist die Kellerhalle zwar nicht optimal für die Meditation geeignet, was das meditative Atmen angeht, aber sie strahlt eine ganz eigene Atmosphäre der Geborgenheit aus. Alle lieben diesen Raum. Die Eleven haben am Vorabend ihren Platz bereits gerichtet. Sie haben darauf geachtet, dass ihre Plätze zueinander entsprechend der Erkenntnis geordnet sind, dass die äußere Ordnung der inneren Ordnung entspricht. Die Meditation wird im Sitzen ausgeführt. Es muss kein Lotussitz oder Fersensitz sein, in der Regel findet jeder einen passenden Gebetshocker. Beim Gebetshocker ist darauf zu achten, dass die Seitenschenkel nicht zu kurz sind, das würde beim Sitzen den Blutfluss in den Beinen zu sehr einschränken. Das Sitzen sollte auch nicht weh tun, denn wir befinden uns nicht mehr im leibfeindlichen Mittelalter. Zum Sitzen eignen sich auch ein Hocker oder Sitzkissen.
Wichtig ist, dass der Oberkörper aufgerichtet bleibt und nicht wie bei der Droschkenkutscherhaltung des Autogenen Trainings zum Schlafen verführt.
Beim Betreten des Meditationsraumes lassen die Eleven ihre Schuhe ebenfalls geordnet vor dem Meditationsraum. Mit einer leichten Verneigung als Zeichen der Ehrfurcht vor dem nun folgenden Ritual betreten sie den Raum.

Die Mitte der Kellerhalle ist gestaltet. Die Kerze steht für Jesus Christus, der im Johannesevangelium sagt: »Ich bin das Licht der Welt«. Ein Kreuz verdeutlicht die christliche Ausrichtung der Meditation.
Die Eleven gehen außen um den Sitzkreis zu ihrem Meditationsplatz. Sie vermeiden es, durch die Mitte zu gehen.
Nach einem Augenblick der Sammlung verneigen sich die Eleven vor ihrem Gegenüber und den Brüdern zur Rechten und Linken und bedanken sich damit für deren Bereitschaft, mit Ihnen zu meditieren.

Bevor wir uns in die Sitzposition begeben, stimmen wir uns durch mehrmaliges bewußtes tiefes Einatmen und langes Ausatmen in die Meditation ein. (Atmen hat in vielen Lebenslagen eine große Wirkung auf unsere psychische Gestimmtheit.)

Meditation in der Bruderschaftswoche | Horst Stephan Neues

Foto: Rolf Gerlach

Jede Meditation beginnt mit einer Bitte um den Heiligen Geist, der uns mit Jesus Christus zum Vater führt.
Diesem Gebet folgt ein großer Gebetsgestus.
In der Bruderschaftswoche wird zunächst als eine Form der Meditation das Herzensgebet vorgestellt und geübt. Mit Herzensgebet ist das mystische Herz gemeint.
Beim Herzensgebet wird, ähnlich einem Mantra in der fernöstlichen Meditation, ein geladenes, das heißt vieltausendfach geübtes christliches Wort an den Atem angelegt.
Das bekannteste von den Einsiedlern und in den Klöstern geübte Meditationswort erinnert an den blinden Bettler Bartimäus (Mk 10,47), die 10 Aussätzigen (Lk 17,13) oder die kanaanäische Frau mit ihrer kranken Tochter (Mt 15,2):
»Herr Jesus Christus, erbarme dich meiner.«
Wen es nach größerer Einfachheit verlangt, für den reicht auch das Gebetswort »Jesus Christus« oder »Erbarmen« oder ein anderes persönliches Meditationswort. Diese Formel wird immer wieder an den Atem angelegt, gesprochen, gemurmelt oder gesungen.

Wir entnehmen die Gebetsworte in der Regel den Worten der Heiligen Schrift.

Meditieren heißt: den Klang seines Herzens aufsteigen lassen.

Meditieren heißt: den Klang seines Herzens aufsteigen lassen. Physiologisch gibt es zahllose Nervenverbindungen zwischen dem Herz und dem Gehirn.
Meditation verändert das Gehirn. Verändert sich unser Gehirn, verändern wir uns mit ihm. Das ist eine wissenschaftlich belegte Wahrheit. Aber noch eine größere Wahrheit ist: Verändert sich unser Herz, verändert sich alles und diese Veränderung hat nicht nur damit zu tun, wie wir die Welt sehen, sondern wie uns die Welt sieht, welche ethische Konsequenz unser geistliches Tun hat und wie die Welt auf uns reagiert.

Das sitzende Schweigen wird durch ein akustisches Signal, eine Glocke, Zimbeln oder den Ton einer Klangschale eingeleitet. Der Übende legt nun sein geladenes Wort an seinen Atem, Atemzug um Atemzug.
Mit der Zeit geschieht dies unbewusst, doch achtsam und hochkonzentriert.

Oft wird gefragt, warum das akustische Signal notwendig ist:
Zum einen dient es als nonverbale Information. Drei Schläge kennzeichnen den Anfang der Meditation, zwei Schläge eine Unterbrechung, zum Beispiel um das meditative Gehen einzuleiten, ein Schlag kündigt das Ende der Meditation an.
Zum andern funktioniert das akustische Zeichen wie eine Konditionierung (wir denken an den Pawlov-Reflex, bei dem ein neutraler Stimulus wiederholt mit einem Stimulus gepaart wird, der eine natürliche Reaktion hervorruft). Auf der physiologischen Ebene lernt der Meditierende reflexartig die Umschaltung vom Sympathischen Zustand, also Arbeitszustand des Autonomen Nervensystems in den Parasympathischen Ruhezustand.
Der Herzschlag verlangsamt sich, die Pupillen werden enger und der Körper hat nun Zeit für seine inneren Aufgaben, wie zum Beispiel die Verdauung. In der Stille der Meditation kann man dies manchmal daran hören, dass sich beim einen oder anderen Darmgeräusche melden.
Den eigentlichen Kern der Meditation kennzeichnet eine Bewusstseinsveränderung. Diese Bewusstseinsveränderung lässt sich in den Hirnstromkurven (EEG) elektrophysiologisch nachweisen. Das meditative Bewusstsein kann in Gegenüberstellung zum mittleren Tagesbewusstsein charakterisiert werden durch Erhöhung der Wachheit (anders als beim autogenen Training), Steigerung der Helligkeit/Klarheit, erhöhte fokussierte Aufmerksamkeit und Versenkung.

Dies führt in eine Bewusstseinsentfaltung, in der das eigene Selbst als eins mit dem überindividuellen Einen erfahren werden kann (Kontemplation).

Durch ständiges Üben des gewählten geladenen Wortes wird das Wort nicht nur für die Zeit der Meditation, sondern auch, wenn der Meditierende dies möchte, im Alltag gegenwärtig und nistet sich so in alle Situationen des Lebens ein. Oft geschieht dies auch ohne jegliche willentliche Anstrengung des Menschen, der mit dem Herzensgebet vertraut ist.

Das Herzensgebet möchte, dass der Übende spürt: Gott ist gegenwärtig, Gott ist schlicht und einfach da.

Gott will nicht gesucht werden, sondern er will wahrgenommen werden. »Wo ich geh', sitz und steh, lass mich dich erblicken«, heißt es bei dem reformiert-pietistischen Mystiker Tersteegen (1697–1769).

Gottes Arbeitsplatz ist die Stille.

Insofern vermittelt das Herzensgebet keine Gottesbegegnung oder Gotteserfahrung, sondern **ist** schlicht und einfach »Erfahrung mit und in Gott«. Wie sagt es der Schweizer Mystiker Nikolaus von der Flüe (1417–1487)? »Ich in dir, du in mir, gib mich ganz zu eigen dir.«

Und damit führt das Herzensgebet tief in die mystische Erfahrung.

Oft ist nicht Raum noch Zeit, dieser Erfahrung des Schweigens und Hörens in unseren so sehr wortbeladenen Liturgien zu begegnen. Gott spricht mit uns in der Bibel und in seinem Wort, aber er spricht mit uns auch in der Stille und in seiner Schöpfung.

In der heutigen Zeit wird im profanen Bereich die Meditation als Technik zur Ruhe, Steigerung der Kreativität und Bereicherung persönlicher Fähigkeiten genannt. Das ist schade. Ist die Meditation recht verstanden, ist sie so viel mehr als nur Technik. Sie kann uns auf unserem spirituellen Weg eine wesentliche Hilfe sein Die Hinordnung auf diesen Bereich bestimmt die Lebensführung, die Wertewelt, Ethik, Verantwortung und Selbstrelativierung.

In der Bruderschaftswoche unserer Bruderschaft soll der Schüler lernen, durch regelmäßiges Üben die Meditation auf dem Weg seiner geistlichen Reifung zu nutzen.

Zum Abschluss der Meditation wird ein kurzes Gebet gesprochen.

> *Oft ist nicht Raum noch Zeit, dieser Erfahrung des Schweigens und Hörens in unseren so sehr wortbeladenen Liturgien zu begegnen.*

Es folgt ein einmaliges akustisches Signal, womit das Ende der Meditation angezeigt wird. Die Gliedmaßen und Gelenke werden bewegt (Umschaltung auf Sympathikus).
Der große Gebetsgestus zum Abschluss wird vollzogen als Dank für Gottes Gegenwart.
Mit dem kleinen Verneigungsgestus geht ein Dank an die Meditationsnachbarn.

7.30 Uhr:
Die Glocke der Klosterkiche ruft zur Laudes. Im Schweigen begeben sich nun alle zum Morgengebet:
»Herr tue meine Lippen auf, dass mein Lob deinen Ruhm verkündige.«

Nachbesprechung der Meditation
Bei der Morgenmeditation ist für eine Nachbesprechung wegen der zeitlich nachfolgenden Laudes leider kein Platz. Die unbedingt notwendige Nachbesprechung, Beantwortung von Fragen und Anmerkungen wird später im Lauf des Tages nachgeholt.

In einer neuen Gruppe, und darum handelt es sich bei Brüdern in der Probezeit und Aspiranten, erfolgt in der Regel eine Aussprache, bei der jeder etwas über seine Wahrnehmungen während der Meditation sagen sollte. So kann verhindert werden, dass Phänomene, die regelhaft in der Meditation auftreten, den Einzelnen ängstigen. Zu nennen sind hier out-of-body experiences, (das Gefühl, sich außerhalb seines Körpers zu befinden), das Gefühl der Zeitverschiebung, das Gefühl, dass einzelne Körperteile als nicht dem Körper zugehörig erlebt werden, dass akustische oder optische Täuschungen auftreten. Alle diese Phänomene sind in der Regel passager. Nur ganz vereinzelt kann durch die Meditation auch eine psychische Krise ausgelöst werden. Das ist der Grund, warum dem Meditationsanleiter eine besondere Fürsorgepflicht bei der Meditation zukommt. Der Leiter sollte auch regelhaft die Möglichkeit von Einzelgesprächen anbieten.

Bei der Einzelmeditation im Alltag sollte sich der Einzelne einen geistlichen Begleiter suchen. Den hat ein Bruder in der Probezeit in seinem Helfer, soweit dieser auch mit der Meditation vertraut ist.

Dr. med. Horst Stephan Neues ist Facharzt für Psychiatrie. Er gehört seit 1998 der Michaelsbruderschaft an und ist Probemeister der Bruderschaft.

Meditation – Achtsam leben

von Udo Molinari

Meditation bedeutet für mich vorrangig **Stille**: Stille für mich und Stille für Gott.
Wie sonst soll denn das Einwohnen von Gottes Wort in uns geschehen!?
Dazu ein Kirchenlied (EG 428, 3)

*Komm in unsre laute Stadt, Herr, mit deines Schweigens Mitte,
dass, wer keinen Mut mehr hat, sich von dir die Kraft erbitte
für den Weg durch Lärm und Streit hin zu deiner Ewigkeit.*

Über Meditation kann ich nicht schreiben, ohne sie persönlich zu üben. Es sollen aber nun keine praktischen Anleitungen folgen. Ich möchte auf einige Texte hinweisen, die innerhalb der EMB zu diesem Thema veröffentlicht wurden:
Wegen der ausführlichen Darstellung und Gedanken von Peter Heidrich, sei hier auf sein Buch »Weg wird Weg im Gehen« aus der Reihe Rostocker Theologische Studien, Bd. 4 hingewiesen (3. Auflage 2009).
Meditation sollte nicht unabhängig von Tagzeitengebeten oder Konventen stattfinden, sondern sollte einbezogen sein und eingeplant werden. Meditation erweitert und vertieft geistliches Leben.
Geistliches Leben ist Leben unter Leitung des Heiligen Geistes; der uns zum Einswerden mit Gott in Jesus Christus führen will. (Manuale 206 [alt 136], vgl Regel 39)
Geistliches Leben besteht aus verschiedenen einzelnen Übungen. (s. Manuale ab S. 204 [alt 135!])
Das Geschwisterbuch hält auf Seite 23 (Punkt 5) fest: *Leibhafte Erfahrungen helfen zu einem ganzheitlichen Leben.* Dabei werden aufgeführt: Schweigen, Meditieren, Singen, körperliche Übungen und Fasten. (Reinhold Fritz als Ältester, 2001)
In den Jahren von 2005 bis 2008 hat die EMB sich intensiv mit diesem Bereich auseinander gesetzt.
Das Jahresthema 2005/2007 lautete: Einübung in geistliches Leben zur Erneuerung der Kirche. In Quatember 71 und 72 wurde darüber geschrieben. (s. Manuale, 213–227)
Ohne unseren Körper gibt's das nicht. Da schmeckt der Wein nicht, und Gleiches gilt für Bier.
Wie der Glauben im Körper zum Ausdruck findet, hat Manfred Schnelle zeitlebens zu vermitteln versucht. (s. In Memoriam M. Schnelle, 2018)

Essay

Foto: Rolf Gerlach

An dieser Stelle möchte ich in einer Nebenbemerkung Nachtwachen mitbedenken: Michaelsfeste ohne sie habe ich erlebt. Ich sehe Nachtwachen an als Bereicherung des Glaubenslebens. Eine Stunde Beten für andere – das ist praktizierter geistlicher Kampf!

Zum geistlichen Kampf gehören eine gute Gestalt von Gebet und Gottesdienst. In unserem ökumenischen Zeitalter richten wir uns aus auf die Gemeinschaft mit Christen aus anderen Kirchen, weil wir uns ihnen im Glauben an Christus verbunden und vom gleichen Geist geführt wissen. In verschiedenen Formen der Meditation geht es zuletzt darum, frei zu werden für das Wirken des Geistes Gottes in jedem Einzelnen und in der brüderlichen Gemeinschaft.
(Weisung des Ältesten Reinhard Mumm zum Michaelsfest 1977, in Memoriam, 28).

Meditation gehört auch in die Liturgie hinein!

Meditation gehört auch in die Liturgie hinein!

Sie ist das Spiel von Distanz und Nähe gegenüber Fragen, Problemen und Aufgaben und mir selbst.

Wenn ich »nur« Mitfeiernder bin, ist meine Haltung dann stimmig und würdig?

Für die **Liturgie** braucht es geistliche Wachheit, sonst kann ich heilige Texte für andere nicht vorlesen bzw. die Eucharistie nicht zelebrieren.

Die Feier der Eucharistie **meditativ** zu bedenken, dazu gibt es zahlreiche Anregungen (Lilie, M 210 [alt 140]). Wenn man sich das gönnt, wirkt es sich aus: Meditation ist ein Weg der Verwandlung. Dazu braucht es Stille:

[...] In der evangelischen Messe soll die Folge der Zeichen und Worte, die wir setzen, nicht zu dicht sein. Es muss Raum bleiben für Gott, der sich auch als der »ganz andere« zeigen kann, [...]
Neben dem Hören auf das Wort muss Raum bleiben für das Horchen, [...]
Nach der Anrede durch Gott soll es Zeit und Raum geben für ein sehr persönliches: »Hier bin ich«.
(Gregorius, Manuale 162 f. [alt 102 f.])

Zweimal Worte von katholischer Seite:
Für die geistliche Tradition ist das Schweigen der eigentliche Ort der Gotteserfahrung.
Im Schweigen kommt nicht nur der Lärm im Herzen zur Ruhe, Schweigen bedeutet nicht nur, dass ich sorgenvolle Gedanken loslasse,
sondern auch, dass ich aufhöre über Gott nachzudenken [...]
[Anselm Grün]

Die wirkliche »Leistung« des Gebets besteht darin, still zu werden und auf die Stimme zu hören, die Gutes über mich sagt. [...]
Es bedarf einer wirklichen Anstrengung, die vielen Stimmen sanft beiseite zu schieben und zum Verstummen zu bringen, die mein Gutsein in Frage stellen und darauf zu vertrauen, dass ich eine Stimme hören werde, die mich segnet.
[Henri Nouwen, Du bist der geliebte Mensch, 65]

In unserer Urkunde tauchen die Worte Not – Glauben – Kampf auf. Nouwen benutzt das Wort »Auserwählte«, die einen geistlichen Kampf gegen die vielen Stimmen der Finsternis führen.

So wie die Kirche nach der Überzeugung der Gründer in Gefahr stand, »sich an dem Anspruch der Welt zu verlieren«, so könnte sich die Bruderschaft und der Einzelne in ihr völlig verausgaben, wenn sie sich nicht auf einen Weg der geistlichen Vertiefung begeben würden (Oeyen, M 214 [alt 144]).

Nach zwei Jahrzehnten wurden deshalb Erfahrungen und Erkenntnisse zusammengefasst und ab 1952 als Handreichung für den »Geistlichen Pfad« herausgegeben.
Zusammenfassung: Sich nicht verlieren an den Anspruch der Welt – sich gründen!

Pf. i. R. Udo Molinari ist Probemeister der Michaelsbruderschaft im Konvent Norddeutschland.

Meditation aus psychologischer und neurowissenschaftlicher Perspektive

Vortrag von Dr. Ulrich Ott am 22. Juni 2024 während des Johanniskonvents im Kloster Kirchberg

Nachfolgend werden die Inhalte des Vortrags zusammenfassend dargestellt. Die Vortragsfolien und ein Audio-Mitschnitt des Vortrags sind online abrufbar (siehe Webadresse am Ende des Textes).

1. Forschung zu Meditation: Umfang und Themen

In den letzten 20 Jahren hat die Forschung zu Meditation enorm zugenommen. Eine Recherche in der frei zugänglichen Datenbank »PubMed« mit dem Suchbegriff »meditation« zeigt, dass im Jahr 2022 erstmals über 1.000 Publikationen zu diesem Thema erschienen. In noch weitaus mehr Publikationen – nämlich fast 4.000 – wurde der Begriff »mindfulness« (englisch »Achtsamkeit«) verwendet. Allerdings sind darin auch Studien enthalten, in denen niemand meditierte, sondern Fragebogen genutzt wurden, um das Ausmaß von Achtsamkeit zu messen und Zusammenhänge mit anderen Variablen (z. B. Gesundheitsparametern) zu untersuchen.

Die Vielzahl der Studien zu Meditation verteilt sich auf mehrere Forschungsfelder. Ein Großteil der Studien beschäftigt sich mit den Wirkungen von Meditation auf die körperliche und psychische Gesundheit. Daneben wird in der Grundlagenforschung versucht, die Mechanismen aufzuklären, über die Meditation ihre Wirkungen entfaltet. Die Bedeutung der verschiedenen Forschungsfelder und ihre Verbindungen untereinander lassen sich heutzutage in Form von Netzwerken darstellen, die die Häufigkeit von Begriffen und ihr gemeinsames Auftreten grafisch visualisieren (siehe Folie 6).

2. Motivationen zum Meditieren

Laut einer repräsentativen Studie von Cramer aus dem Jahr 2019 meditierten in Deutschland zum Zeitpunkt der Befragung 6,6 Prozent der Bevölkerung (ca. 5,5 Millionen Menschen) und zwar im Durchschnitt bereits seit fast vier Jahren. Über 15 Prozent hatten Meditation schon einmal im Verlauf ihres Lebens praktiziert und weitere 12,4 Prozent bejahten die Frage, ob sie sich vorstellen könnten, innerhalb des nächsten Jahres mit Meditation zu beginnen. Als Gründe für das Meditieren wurden vor allem die Verbesserung des geistigen und körperlichen Befindens und der Leistungsfähigkeit genannt. Fast alle Befragten (95,8 Prozent) berichteten von positiven Veränderungen durch Meditation, in Form einer Zunahme von Ausgeglichenheit, Entspannung und Wohlbefinden.

In einer Studie von Sedlmeier und Theumer (2020) wurden Anfänger und fortgeschrittene Meditierende gefragt, warum sie mit der Meditation begonnen hatten bzw. weiter praktizierten. Die gefundenen Motive beschreiben ein weites Spektrum, das von Entspannung (Ruhe, Gelassenheit) bis hin zu spirituellen Erfahrungen (Erleuchtung, Befreiung) reicht. Weitere Motive waren die Steigerung der Konzentration und Leistungsfähigkeit, die Selbsterforschung und der Umgang mit Problemen (Trauer, Schmerz, Belastungen) sowie das Kultivieren positiver Gefühle (Mitgefühl, Herzlichkeit). Entspannung wurde von Anfängern und Fortgeschrittenen gleichermaßen hoch bewertet, wohingegen den spirituellen Motiven von den Fortgeschrittenen im Vergleich mit den Anfängern eine größere Bedeutung zugesprochen wurde.

Als Gründe für das Meditieren wurden vor allem die Verbesserung des geistigen und körperlichen Befindens und der Leistungsfähigkeit genannt.

3. Meditationstechniken und deren Beliebtheit

Wer sich, aus welchen Gründen auch immer, dafür entschließt, mit dem Meditieren zu beginnen, steht allerdings zunächst vor der »Qual der Wahl«, denn es existieren sehr viele unterschiedliche Meditationstechniken. Eine Studie von Matko und Sedlmeier (2019) fand bei einer eingehenden Recherche über 300 Techniken! Nach Auswahl der zwanzig wichtigsten Techniken wurden diese von Expertinnen und Experten bezüglich ihrer Ähnlichkeit eingeschätzt. Mit Hilfe eines speziellen statistischen Verfahrens wurde im Anschluss untersucht, wie sich die Techniken am sinnvollsten anordnen ließen. Es ergaben sich zwei Dimensionen, nämlich das Ausmaß der Aktivierung und die Körperbezogenheit. Bei einer Darstellung im entsprechenden Koordinatensystem ließen sich sieben Gruppen von ähnlichen Techniken identifizieren:

1. Meditation mit Bewegung (Gehen, Tai-Chi, Qigong, Yoga etc.)
2. Körperzentrierte Meditation (Body Scan, achtsames Atmen, Fokus auf Körperzentren)
3. Achtsames Beobachten (Empfindungen, Gefühle und Gedanke)
4. Kontemplation (Beschäftigung mit einer Frage, z. B. Wer bin ich?)

5. Visuelle Konzentration (auf ein äußeres Objekt oder eine Visualisierung)
6. Affektzentrierte Meditation (Mitgefühl, liebende Güte etc.)
7. Mantra-Meditation (Singen oder lautlose Wiederholung von Worten, z. B. OM)

Diese Einteilung in Gruppen macht aus neurowissenschaftlicher Sicht insofern Sinn, als sich darin die funktionelle Neuroanatomie widerspiegelt: 1. Motorik, 2. Sensorik/somatisch, 3. Aufmerksamkeit, 4. Kognition, 5. Sehen, 6. Emotion und 7. Hören/Sprechen.

Besonders großes Interesse der Forschung galt in den letzten Jahren der Achtsamkeitsmeditation. Achtsamkeit bezeichnet keine einzelne Technik, sondern vielmehr eine Haltung, die während einer Meditation (vor allem aus den Gruppen 1 bis 3) kultiviert wird. Laut einer viel zitierten Definition von Kabat-Zinn (2003) ist Achtsamkeit: »Die Bewusstheit, die dadurch entsteht, dass die Aufmerksamkeit absichtsvoll, im gegenwärtigen Moment, nicht-wertend auf die sich von Moment zu Moment entfaltende Erfahrung gerichtet wird.«

Was sich auf den ersten Blick unspektakulär anhört, unterscheidet sich tatsächlich jedoch deutlich vom Alltagsbewusstsein, bei dem viele Handlungen nicht bewusst und absichtsvoll, sondern häufig unbewusst und automatisch ablaufen. Außerdem sind wir in Gedanken oft nicht bei dem, was wir gerade tun, sondern in der Vergangenheit oder Zukunft unterwegs. Und schließlich neigen wir dazu, alles zu bewerten, anstatt es zunächst einmal so anzunehmen, wie es ist.

Techniken, die darauf abzielen, Achtsamkeit zu kultivieren, sind tatsächlich sehr verbreitet. Bei einer Online-Befragung von über 600 Meditierenden (Matko et al., 2021) zielten von den beliebtesten Techniken (»Top 10«) die meisten (8 von 10) auf eine achtsame Haltung ab (z. B. Body-Scan oder Atemachtsamkeit).

4. Mechanismen: Effekte auf Bewusstsein und Gehirn

Bei einer Meditation auf Empfindungen, die beim Atmen entstehen (im Bauch, im Brustraum oder am Naseneingang; siehe Anleitung auf Folie 17), sind mehrere Mechanismen beteiligt, die sich im eigenen Erleben gut nachvollziehen lassen: 1. Verstärkte Körperwahrnehmung, 2. Steuerung der Aufmerksamkeit, 3. Entspannung/Emotionsregulation und 4. Beobachtung/Erforschung des eigenen Bewusstseins. Diese Mechanismen hat die Forschung in zahlreichen Studien bestätigt gefunden (Hölzel et al., 2011).

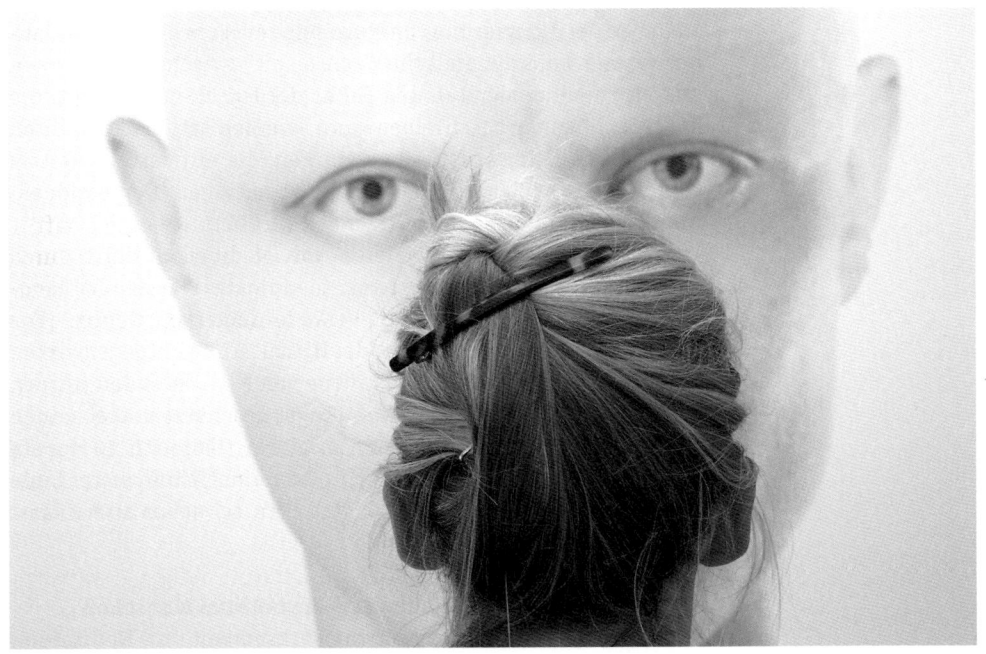

Foto: Rolf Gerlach

Mit bildgebenden Verfahren wurde beispielsweise gezeigt, wie die Aufmerksamkeit während des Meditierens immer wieder abschweift und zurück auf das gewählte Meditationsobjekt gerichtet werden muss (Hasenkamp et al., 2012). Parallel dazu kommt es zu einem Wechsel der Aktivität in den Aufmerksamkeitsnetzwerken und dem sogenannten Default-mode-Netzwerk, das beim Gedankenwandern und Tagträumen aktiv wird.

Atmung und Körperwahrnehmung spielen bei den verbreiteten Meditationstechniken eine zentrale Rolle. Die Beobachtung der Atemempfindungen unterstützt die Lenkung der Aufmerksamkeit auf den Körper. Hinzu kommen spezielle Handhaltungen, die dabei helfen, die Aufmerksamkeit auf den Bauch oder Brustraum zu lenken oder auf einen Punkt zu fokussieren. Studien mit funktioneller Bildgebung (Magnetresonanztomographie) zeigen, dass die Fokussierung auf bestimmte Objekte mit der Aktivierung spezifischer Hirnregionen einhergeht (Fox et al., 2016). So wird bei der Mantra-Meditation beispielsweise das Broca-Sprachzentrum (bei Rechtshändern in der linken Hirnhälfte) aktiviert, auch wenn das Mantra still wiederholt wird. Meditationen, die auf bestimmte Emotionen abzielen, aktivieren den somatischen und den Inselkortex, wo Repräsentationen des gefühlten Leibes gebildet werden, in welchem wir subjektiv »Herzensqualitäten« wie Mitgefühl und liebevolle Güte verorten.

Neben der Aktivierung von Hirnregionen ist in den letzten Jahren vor allem das dynamische Wechselspiel zwischen Netzwerken im Gehirn zunehmend in den Fokus der Forschung gerückt, die heute recht genau beschreiben kann, wie Meditation dazu führen kann, die Selbstbewusstheit zu stärken, die Aufmerksamkeit zu steuern, aber auch mit Schmerzen und Emotionen (Depressionen, Ängste) besser umzugehen (Sezer et al., 2022).

Das regelmäßige Praktizieren von Meditation führt durch Formbarkeit des Nervensystems (neuronale Plastizität) langfristig auch zu strukturellen Veränderungen im Gehirn (Fox et al., 2014) und kann offenbar der Hirnalterung entgegenwirken (Luders et al., 2011, 2016): Die Hirne von Meditierenden wurden im Alter von 50 Jahren 7,5 Jahre jünger geschätzt und scheinen ab 50 auch deutlich langsamer zu altern (lediglich 10 Monate und 8 Tage pro Jahr). Grund hierfür ist vermutlich in erster Linie eine Reduktion von Stress, der das Hirn schneller altern lässt (Schmidt, 2019).

5. Wirksamkeit bei Gesunden und erkrankten Menschen

Es existieren so viele Studien zur Wirksamkeit von Meditation, dass an dieser Stelle auf Metaanalysen zurückgegriffen wird, die die Ergebnisse der vorliegenden Studien quantitativ auswerten und zusammenfassen. Für den Ergebnisstand bei Gesunden wird auf die Metaanalysen von Peter Sedlmeier verwiesen, die er in einem gut verständlichen Sachbuch (2016) vorgestellt hat. Er beschreibt durchweg positive Effekte: Senkung von Angst und Stress, Steigerung von Wohlbefinden, Konzentration, Achtsamkeit und Intelligenz.

Was die klinische Wirksamkeit angeht, existieren inzwischen Meta-Metaanalysen, die alle zu einer Erkrankung vorliegenden Metaanalysen zusammenfassen. Exemplarisch zeigen die Befunde von Gotink et al. (2015) eine gute Wirksamkeit von Achtsamkeitsprogrammen bei der Behandlung von Depressivität, nicht nur bei der depressiven Erkrankung, sondern auch als Begleitsymptomatik bei körperlichen Erkrankungen, wie beispielsweise chronischem Schmerz, Krebs oder kardiovaskulären Erkrankungen.

6. Risiken und unerwünschte »Nebenwirkungen«

Wenngleich Meditation bei der weitaus überwiegenden Mehrheit der Praktizierenden positive Wirkungen hat, soll zuletzt noch auf einen relativ jungen Bereich der Forschung hingewiesen werden, der sich mit Risiken und unerwünschten Nebenwirkungen von Meditation beschäftigt. Der Autor hat gemeinsam mit einer Kollegin im Kolloquium seines Arbeitgebers im Februar den Stand der Forschung in diesem Bereich ausführlich vorgestellt (siehe YouTube Kanal des IGPP: Liane Hofmann und Ulrich Ott, »Beratung bei spirituellen und meditationsinduzierten Krisen«).

An dieser Stelle soll ein grober Überblick genügen, der auf einem Stufenmodell des meditativen Trainings basiert (Laukkonen & Slagter, 2021). Demnach sind drei Stufen zu unterscheiden, bei denen jeweils bestimmte Techniken zum Einsatz kommen, um spezifische Ziele zu erreichen. Bei der nachfolgenden Auflistung ist außerdem angegeben, welche Arten von Schwierigkeiten eventuell auftreten können:

1. Selbstregulation (Training): Fokussierte Aufmerksamkeitstechniken dienen dazu, Entspannung und Konzentration zu fördern. Durch den Rückzug von der Außenwelt kann es zu einer gesteigerten Sensitivität kommen, die Alltagswelt wird eventuell als Reizüberflutung erlebt. Weitere potenzielle Schwierigkeiten: Langeweile, Ungeduld, Frustration, Selbstvorwürfe.
2. Selbstreflexion (Therapie): Offenes Gewahrsein dient der achtsamen Wahrnehmung von Körperempfindungen, Gefühlen und Gedanken. Durch die intensive Konfrontation mit der eigenen Innenwelt können belastende Erinnerungen und unverarbeitete Erfahrungen (Traumata) aus der Vergangenheit auftauchen, die eine therapeutische Begleitung erfordern.
3. Selbstrealisierung (Transzendenz): Nicht-duale Meditationstechniken zielen auf mystische Erfahrungen ab, bei denen sich Raum, Zeit und Ich auflösen können. Durch das Infragestellen der Identität und Realität kann es zu Erfahrungen von Depersonalisation und Derealisation kommen (Lindahl & Britton, 2019). Außerdem: Sinnkrisen, Verlust von Interessen.

Zusammenfassung und Fazit
Es gibt viele gute Gründe zu meditieren, insbesondere sind dies die Förderung von Gesundheit und einer bewussten Lebensführung. Es stehen viele Techniken zur Auswahl, vor allem Atem und Körper sind als Objekte der Meditation beliebt. Wir wissen heute viel darüber, was beim Meditieren im Körper (inklusive Gehirn) geschieht. Positive Wirkungen bei körperlichen und psychischen Erkrankungen sind inzwischen gut belegt. Meditation kann jedoch auch negative Wirkungen entfalten, wenn sie zu intensiv, ohne kompetente Anleitung/Begleitung oder von besonders vulnerablen Personen praktiziert wird.

Es gibt viele gute Gründe zu meditieren, insbesondere sind dies die Förderung von Gesundheit und einer bewussten Lebensführung.

Zitierte Literatur (oder Verweis auf die Folien 38 und 39)

Cramer, H. (2019). Meditation in Deutschland: Eine national repräsentative Umfrage. Complementary Medicine Research, 26(6), 382–389. https://doi.org/10.1159/000499900.

Fox, K. C. R., Dixon, M. L., Nijeboer, S., Girn, M., Floman, J. L., Lifshitz, M., Ellamil, M., Sedlmeier, P., & Christoff, K. (2016). Functional neuroanatomy of meditation: A review and meta-analysis of 78 functional neuroimaging investigations. Neuroscience and Biobehavioral Reviews, 65, 208–228. https://doi.org/10.1016/j.neubiorev.2016.03.021.

Fox, K. C. R., Nijeboer, S., Dixon, M. L., Floman, J. L., Ellamil, M., Rumak, S. P., Sedlmeier, P., & Christoff, K. (2014). Is meditation associated with altered brain structure? A systematic review and meta-analysis of morphometric neuroimaging in meditation practitioners. Neuroscience and Biobehavioral Reviews, 43, 48–73. https://doi.org/10.1016/j.neubiorev.2014.03.016.

Gotink, R. A., Chu, P., Busschbach, J. J. V., Benson, H., Fricchione, G. L., & Hunink, M. G. M. (2015). Standardised mindfulnessbased interventions in healthcare: An overview of systematic reviews and meta-analyses of RCTs. PloS One, 10(4), e0124344. https://doi.org/10.1371/journal.pone.0124344.

Hasenkamp, W., Wilson-Mendenhall, C. D., Duncan, E., & Barsalou, L. W. (2012). Mind wandering and attention during focused meditation: A fine-grained temporal analysis of fluctuating cognitive states. NeuroImage, 59(1), 750–760. https://doi.org/10.1016/j.neuroimage.2011.07.008.

Hölzel, B. K., Lazar, S. W., Gard, T., Schuman-Olivier, Z., Vago, D. R., & Ott, U. (2011). How Does Mindfulness Meditation Work? Proposing Mechanisms of Action From a Conceptual and Neural Perspective. Perspectives on Psychological Science, 6(6), 537–559. https://doi.org/10.1177/1745691611419671.

Kabat-Zinn, J. (2003). Mindfulness-based interventions in context: Past, present, and future. Clinical Psychology: Science and Practice, 10(2), 144–156. https://doi.org/10.1093/clipsy.bpg016.

Laukkonen, R. E., & Slagter, H. A. (2021). From many to (n)one: Meditation and the plasticity of the predictive mind. Neuroscience and Biobehavioral Reviews, 128, 199–217. https://doi.org/10.1016/j.neubiorev.2021.06.021.

Lindahl, J. R., & Britton, W. B. (2019). »I have this feeling of not really being here«: Buddhist meditation and changes in sense of self. Journal of Consciousness Studies, 26, 157–183.

Luders, E., Cherbuin, N., & Gaser, C. (2016). Estimating brain age using high-resolution pattern recognition: Younger brains in long-term meditation practitioners. NeuroImage, 134, 508–513. https://doi.org/10.1016/j.neuroimage.2016.04.007.

Luders, E., Clark, K., Narr, K. L., & Toga, A. W. (2011). Enhanced brain connectivity in long-term meditation practitioners. NeuroImage, 57(4), 1308–1316. https://doi.org/10.1016/j.neuroimage.2011.05.075.

Matko, K., & Sedlmeier, P. (2019). What Is Meditation? Proposing an Empirically Derived Classification System. Frontiers in Psychology, 10, 2276. https://doi.org/10.3389/fpsyg.2019.02276.

Matko, K., Ott, U. & Sedlmeier, P. (2021). What Do Meditators Do When They Meditate? Proposing a Novel Basis for Future Meditation Research. Mindfulness 12, 1791–1811. https://doi.org/10.1007/s12671-021-01641-5.

Schmidt, S. (2019). Meditation und Achtsamkeitspraxis als Demenzprävention – Konzepte und Befunde. In: H. Walach & M. Loef (Hrsg.), Demenz – Prävention und Therapie (S. 155–176). Essen: KVC.

Sedlmeier, P. (2016). Die Kraft der Meditation. Was die Wissenschaft darüber weiß. Reinbek bei Hamburg: Rowohlt.

Sedlmeier, P., & Theumer, J. (2020). Why Do People Begin to Meditate and Why Do They Continue? Mindfulness 11, 1527–1545. https://doi.org/10.1007/s12671-020-01367-w.

Sezer, I., Pizzagalli, D. A., & Sacchet, M. D. (2022). Resting-state fMRI functional connectivity and mindfulness in clinical and non-clinical contexts: A review and synthesis. Neuroscience and Biobehavioral Reviews, 135, 104583. https://doi.org/10.1016/j.neubiorev.2022.104583.

Die Folien des Vortrags und ein Audio-Mitschnitt sind unter dieser Webadresse zu finden: https://magentacloud.de/s/wKoZ8JjTW5N4cem

Dr. Ulrich Ott ist Diplompsychologe und erforscht seit über 25 Jahren veränderte Bewusstseinszustände und Meditation. Er ist wissenschaftlicher Angestellter beim Institut für Grenzgebiete der Psychologie und Psychohygiene (IGPP) e. V. in Freiburg im Breisgau und abgeordnet an das Bender Institute of Neuroimaging (BION) der Universität Gießen. Von ihm sind mehrere Bücher »für Skeptiker« zu den Themen »Meditation, Yoga und Spiritualität« erschienen.

Weitere Informationen: https://www.ulrichott.com

Blumengärtchen oder Museum?
Vermischte Gedanken zum Verhältnis von Bruderschaft und Kirche aus Anlass der sechsten Kirchenmitgliedschaftsuntersuchung der EKD [1]

von Roger Mielke

1. Not, Präsenz, Dienst

Die »Urkunde« der Evangelischen Michaelsbruderschaft geht auf das Jahr 1931 zurück. Die 22 Stifterbrüder, die an Michaelis 1931 in der Kreuzkapelle der Universitätskirche zu Marburg zusammenkamen, markierten den geistlichen Kairos und die Ursprungsvision der Bruderschaft mit drei Leitworten:

Not: »Wir stehen in der gleichen Not.«

Präsenz: »Kirche ist da, wo uns Gottes Geist beruft, sammelt, erleuchtet und heiligt.«

Dienst: »Wir (sind) in aller Mannigfaltigkeit unserer persönlichen Schicksale zu gemeinsamem Dienst und Kampf verbunden.«

Was an dieser Ursprungsvision ist heute noch tragfähig? Der Zugang ist nicht einfach. Das pathetische Zeitkolorit und die apokalyptischen Sprachmuster der Urkunde sind fremd. Die Sache klingt schwer und gänzlich humorlos. Aber immerhin einiges erzeugt Resonanz auch in der Gegenwart.

Not: Es geht heute nicht nur um den Niedergang der Kirchen als Organisationen, sondern darüber hinaus um ihre Leistung für das »Ganze«, um den drohenden Verlust eines Raumes intellektueller und kultureller, moralischer und affektiver Orientierung und *damit* auch um das, was trägt und im Leben und im Sterben rettet in Zeit und Ewigkeit. Die kulturelle und die existentielle Dimension gehören zusammen.

Präsenz: Die Quellen sind nicht versiegt, alles ist zugänglich. Auch Menschen sind da, die in überzeugender Weise Glaube, Hoffnung und Liebe leben, aus Gebet, mit Lied, Bibel und Sakramenten. Lebensgestalten, an denen man sich ausrichten und aufrichten kann. Weniger zwar als zu anderen Zeiten und stärker vereinzelt, aber sie sind da.

---

[1] Eine kompakte Aufbereitung der Ergebnisse der Untersuchung und eine etwa hundertseitige Zusammenfassung unter dem Titel »Wie hältst du´s mit der Kirche? Zur Bedeutung der Kirche in der Gesellschaft« sind zugänglich unter: https://kmu.ekd.de/.

Dienst: Nicht organisatorische Selbsterhaltung ist das Ziel, weder der Kirche noch gar der Bruderschaft. Aber drängender wird die Frage, welchen Dienst die Bruderschaft der Kirche tun kann. Oder allgemeiner: Wofür braucht die Kirche die geistlichen Gemeinschaften? Eine Antwort auf diese Frage lässt sich nur auf einer tieferen Ebene gewinnen: Wofür wird denn die Kirche gebraucht? Eine Antwort der frühen Michaelsbrüder in der Urkunde lautet: Die Kirche soll »das Wort der Entscheidung (sprechen), das sie der Welt schuldet«. Dienst der Bruderschaft an der Kirche soll es sein, dabei mitzuwirken, dieses »Wort der Entscheidung« (Wozu? Wofür? Wogegen?) zu formulieren. Ein hoher Anspruch!

2. Niedergang von Kirchenmitgliedschaft und Religiosität

90 Jahre später hat sich der Sound geändert. Von der »Not« der Zeit redet man nicht mehr, zumindest nicht im Blick auf den, vielfach als selbstverschuldet wahrgenommenen Niedergang der Kirchen. Ganz unpathetisch und streng sachlich wird die Krise der Kirchen empirisch vermessen. Zuletzt mit einigem Aufwand und hoher öffentlicher Aufmerksamkeit in der sechsten Kirchenmitgliedschaftsuntersuchung der EKD, die im Herbst 2023 veröffentlicht wurde. Zum ersten Mal seit Beginn dieser Art von Studien im Jahr 1972 wurde auch die katholische Kirche eingeschlossen, so dass nun eine einigermaßen vollständige Erfassung der kirchlichen Landkarte der Bundesrepublik Deutschland vorliegt. Die Ergebnisse sind nicht überraschend und doch deprimierend.

Nur ein paar Stichworte: 23 % der Bevölkerung der Bundesrepublik Deutschland sind evangelisch, 25 % katholisch, 2 % freikirchlich, 2 % orthodox und anderen »postmigrantischen« Kirchen zugehörig, 5 % muslimisch – und 43 % konfessionslos. Unabhängig von einer etwaigen Kirchenzugehörigkeit empfinden sich auf Nachfrage 56 % aller Befragten[2] als säkular orientiert, immerhin 36 % nehmen für sich ein geschlossen säkulares Weltbild und Lebensgefühl in Anspruch. Vom Rest werden 13 % als kirchlich-religiös beschrieben, 25 % als religiös-distanziert, 6 % als »alternativ«, etwa in einem esoterischen oder neuheidnischen Sinn.

Dass nun die »Mehrheit« der deutschen Bevölkerung keiner der großen christlichen Kirchen mehr angehört, also, wie man das nur scheinbar selbstverständlich nennt, »konfessionslos« ist, wurde je nach Standort der Beobachter beklagt oder beklatscht.

Die Ergebnisse sind nicht überraschend und doch deprimierend.

---

[2] KMU VI ist eine »repräsentative« Studie, das heißt sie beansprucht ein gültiges Bild zu zeichnen für »die in Privathaushalten lebende Bevölkerung in Deutschland ab dem 14. Lebensjahr«.

Essay

Foto: Rolf Gerlach

Das andere ist die noch viel weniger selbstverständliche Beobachtung, dass nicht nur die Kirchenmitgliedschaft sinkt, sondern auch religiöse Praxis. Kirchenbindung *und* Religiosität gehen zurück, so die Deutung der Datenlage.

Diese Interpretation blieb allerdings nicht unwidersprochen. Einige Theologen aus dem wissenschaftlichen Beirat der KMU haben kritisch nachgefragt, ob die Methode der Befragung – Selbstauskunft über religiöse Praxis und religiöse Kategorien der Selbstbeschreibung – überhaupt in der Lage sei, die hochgradig individuellen und oft implizit bleibenden Ausprägungen religiöser Ansprechbarkeit abzubilden.³ Diese Kritik betrifft die methodische und die konzeptionelle Dimension der Studie.

Methodisch kann man von einem »Umfrage-Bias« sprechen: Die Art, wie und die Gegenstände, nach denen gefragt wird, formatieren die Antworten, die gegeben werden. Zugespitzt kann man sagen: Befragungen erzeugen die Phänomene, nach denen sie fragen und bleiben blind für anderes, nach dem sie nicht fragen und nach dem in einem sozialwissenschaftlichen Interview vielleicht auch nicht sinnvoll gefragt werden kann. Jeder Seelsorger kennt dergleichen: Ein Abendgespräch beim Wein landet nach einem langen Anmarschweg bei existentiellen Fragen und wäre vielleicht nie dort gelandet, wenn nicht der eine Gesprächspartner Seelsorger und damit auch Projektionsfläche für die zunächst unausgesprochene und vielleicht in anderen Kontexten gar nicht thematisierungsfähige religiöse Dimension gewesen wäre. Die Befragungen von KMU VI erreichen diese Ebene nicht und können sie nicht erreichen.

Konzeptionell liegt im Hintergrund der kritischen Nachfragen der alte modernisierungstheoretische und religionssoziologische Streit zwischen der *Säkularisierungsthese* und der *Individualisierungsthese*.⁴ Gibt es einen unausweichlichen Niedergang religiöser Deutungsmuster und Praktiken in Gesellschaften, die den westlichen Modernisierungspfad eines wissenschaftlich-technischen Rationalismus beschreiten? Das behauptet die Säkularisierungsthese.⁵ Oder ändern sich eher die Formen religiöser Praxis hin zu expressiven, individualisierten, bedürfnisorientierten, patchworkartigen, an Marktmechanismen ausgerichteten Gestalten von Religiosität?⁶

Die in »Wie hältst du's mit der Kirche?« vorgelegte Interpretation der Studiendaten, so die kritischen Stimmen, richte sich zu ein-

---

³ Reiner Anselm, Kristin Merle, Uta Pohl-Patalong, Religiosität in ihrer Vielfalt ernst nehmen, DtPfBl 12/23: https://www.pfarrerverband.de/pfarrerblatt/aktuelle-beitraege?tx_pvpfarrerblatt_pi1%5Baction%5D=show&tx_pvpfarrerblatt_pi1%5Bcontroller%5D=Item&tx_pvpfarrerblatt_pi1%5BitemId%5D=5764&cHash=e69b086b2373065cee56548a5562be42; Vgl auch: Dies., Wie hältst du's mit der Religiosität? Eine kritische Perspektive auf die soeben erschienene Überblicksdarstellung der KMU VI, zeitzeichen.net 14.11.23, https://zeitzeichen.net/node/10806.
⁴ Vgl. zu dieser Debatte mit viel Material: Claudia Lepp, Harry Oelke, Detlef Pollack (Hg.), Religion und Lebensführung im Umbruch der langen 1960er Jahre (Arbeiten zur Kirchlichen Zeitgeschichte), Göttingen 2016.
⁵ Im deutschsprachigen Kontext wird das Säkularisierungsparadigma am prominentesten und in vielen Publikationen vertreten durch den Münsteraner Religionssoziologen Detlef Pollack, der auch zu den maßgeblichen Experten im Hintergrund von KMU VI gehört. Vgl. etwa: Detlef Pollack, Säkularisierung – ein moderner Mythos?: Studien zum religiösen Wandel in Deutschland, Tübingen ²2012.
⁶ Klassisch dazu: Peter L. Berger, Der Zwang zur Häresie. Religion in der pluralistischen Gesellschaft, Frankfurt 1980 (engl. The Heretical Imperative, Harlow 1979).

Essay

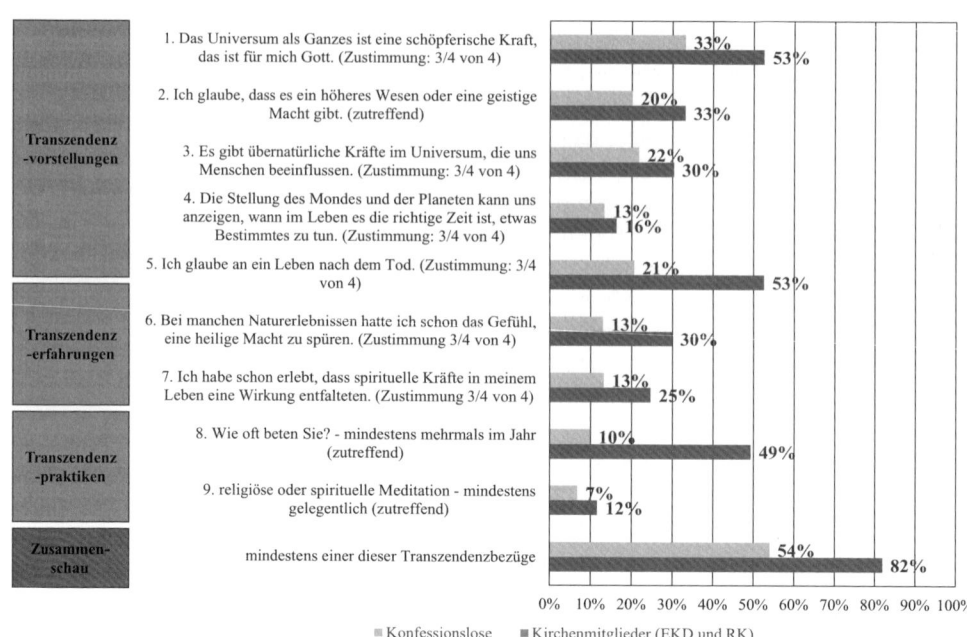

seitig an der Säkularisierungsthese aus und würdige zu wenig die Graustufen und vielfältigen Mischungsverhältnisse individueller Religiosität. Die u. a. aus den Daten von KMU VI generierte Grafik[7] etwa zeigt auch bei auf den ersten Blick ganz säkularen Zeitgenossen eine erstaunliche Vielfalt von Transzendenzbezügen. Wenn man aus KMU VI die Folgerung zöge, dass Kirche die 56 % Säkularen aufgeben sollte, um ihre Arbeit auf die Bedürfnisse der 13 % kirchlich-Religiösen zu fokussieren, verlöre man diese »fuzzy fidelity«, die »unscharfe Gläubigkeit«, schlicht aus dem Blick.

3. Es gibt nur noch Subkulturen.

Ist das nur Pfeifen im Walde, oder steckt in diesem anderen Interpretationsansatz auch ein interessanter Ansatz für ein Verständnis von Bruderschaft und geistlichen Gemeinschaften unter den Bedingungen einer Kirche im Niedergang? Vielleicht entspricht es dem Selbstverständnis zumindest der Michaelsbrüder nicht, aber können wir nicht Bruderschaft zunächst einmal als Individualisierungsgenerator verstehen, als Ort, an dem eine hochgradig individualisierte und spezifische Glaubenspraxis eingeübt wird? Kontraintuitiv ist das zunächst einmal, weil die Bruderschaft sich oft als Ort der Einübung in das »Echte« und »Eigentliche« verstanden hat,

---

[7] Entnommen aus Anselm, Merle, Pohl-Patalong, Religiosität in ihrer Vielfalt, a. a. O.

als die Gemeinschaft, in der die authentische christliche Tradition in Liturgie und Spiritualität wieder entdeckt worden sei.

Es gibt aber keine, über statistische Normalitäten im Sinne eines Durchschnitts hinausgehende kirchliche Normalform christlicher Glaubenspraxis mehr, und auch keine privilegierte Form von Tradition. Wenn es aber keine Normal- und Normkultur mehr gibt, dann gibt es nur noch Subkulturen, solche, die sich eher progressiv als Absetzbewegung von christlichen Traditionsbeständen verstehen, und andere, die sich in ausdrücklicher Form auf liturgische und dogmatische Traditionen der Christenheit beziehen. Interessant ist zu beobachten, welche Typen und Sozialcharaktere die Bruderschaft anzieht: Neben durchaus bürgerlichen Gestalten sind da gar nicht wenige »Freaks«, außergewöhnliche Gestalten außerhalb des Mainstream, und das durchaus nicht nur in konservativer oder traditionalistischer Ausrichtung. Vielleicht gehört auch das erfreulich und erstaunlich unaufgeregte Miteinander von homosexuellen und heterosexuellen Brüdern in diese spezielle Subkultur. Aus dem Tübinger Stift hörte ich folgende, etwas ironisch gemeinte, Einschätzung der sozialen Zusammensetzung der Theologiestudentenschaft: 30 % der Studierenden dort seien pietistisch, noch einmal 30 % woke-engagiert, 10 % liturgisch-konservative Barbour-Jacken-Träger, für den Rest gebe es unterschiedliche und uneindeutige Mischungsverhältnisse. Nicht ganz genau habe ich verstanden, wie die Kommunikation zwischen diesen Sub-Subkulturen des Glaubens läuft. Schiedlich-friedliches Nebeneinander? Polarisierte Grabenkämpfe um die rechte Glaubensgestalt? Was ich mir aber wünsche, wäre: den Mut, auszuprobieren und in heißen, gerne auch konflikthaften, Diskussionen zu diskutieren, was denn wirklich trägt und was wem dient, um den eigenen Glaubensweg zu gehen.

4. Blumengärtchen oder Museum?

Was ist denn der Ort der Bruderschaft in dieser Landschaft individualisierter Religiosität? Mir fallen zwei Metaphern ein: Blumengärtchen oder Museum. Ist die Bruderschaft ein Blumengärtchen, in dem wir bunte Blumen, seltene Kräuter und nahezu ausgestorbene Gemüsesorten anbauen, die anderswo, in den schrumpfenden Gemeinden der alten Volkskirche, nicht gedeihen, an denen die Brüder aber Spaß haben? Oder ist die Bruderschaft eher ein Museum, in dem wir das Schöne aller Zeiten und Orte zusammentragen, um es zu bewahren, zu bewundern, und vielleicht auch vor zudringlichen Händen zu schützen? Dann gäbe es manchmal Vorführungen (= Gottesdienste und Stundengebet), so wie in manchen Museen am Sonntag historische Handwerke vorgeführt werden.

Blumengärtchen oder Museum, an beidem stimmt etwas, beides ist aber wiederum auch schief, falsch und richtig zugleich. Das Museum ist ein authentischer Ort der Moderne, die großen Ausstellungen ziehen viele Menschen an.[8] Die Rettung historischer Apfelsorten ist ein gutes Werk, das aller Ehre wert ist. Richtig daran ist, dass mit diesen Metaphern ein explorativer Raum geöffnet wird. Es geht darum, praktisch zu erkunden und auszuprobieren, wie tragfähig das Anvertraute und neu oder wieder Gefundene ist. Man sollte sich klar machen: Auch die liturgischen und spirituellen Traditionen sind nicht etwas einfach Gegebenes, sondern Gegenstand von Entscheidungen, nicht selten »invented traditions«. Diese Spur der Subjektivität und Dezision lässt sich nicht verwischen.[9] Blumengärtchen und Museum sind auch Orte des Rückzugs, Orte der Ruhe. Das ist gut, aber auch nur die halbe Wahrheit und hier werden die Metaphern schief. Gottesdienst und Spiritualität brauchen das Abseits und sie dürfen ruhig das Abseitige ausstrahlen, das sich den schnellen Verwertungsspiralen widersetzt. Und doch müssen sie sich auf der Agora und in den Konflikten und Auseinandersetzungen der Gegenwart bewähren. Die Wahrheit liegt im Vollzug. Wir brauchen die geistliche Mehrsprachigkeit, aber es müssen Menschen da sein, die die Sprache hören, verstehen und mitsprechen können.

Das dürfen wir uns ruhig sehr plural vorstellen. Am 12. Mai 2024 veröffentlichte die Diakoniepfarrerin Hanna Jacobs aus Hannover in der »Zeit« einen Essay mit dem provokanten Titel »Schafft den Sonntag ab«.[10] Ein kerniger Text mit präzise konturierten Fotos der jungen Pfarrerin im Talar. Der Beitrag fand viel Zustimmung, erhielt aber auch scharfe Repliken. Hier werde die Axt an den Stamm gelegt, fanden einige. Genauer betrachtet fordert die Autorin viel Plausibles: Individualisierung und Diversifizierung der Gottesdienstkultur. Weg vom Grau in Grau. Wirksamkeit. »Pipette statt Gießkanne«: zielgenau und milieuorientiert, dem Ort und der Zeit angemessen, müsse der Gottesdienst sein.

Unter manch anderen ergriff auch Justus Geilhufe das Wort, ein junger Pfarrer aus dem sächsischen Großschirma bei Freiberg,

---

[8] Vgl. Anke te Heesen, Theorien des Museums zur Einführung, Hamburg 2021.
[9] Ich denke etwa an die Einfügung von orthodoxen liturgischen Stücken in die evangelische Messe. Das hat in der Perspektive historischer Liturgik etwas Beliebiges. »Ist schön« reicht nicht. Welches Kriterium gibt den Ausschlag, ob diese Hybridität legitim ist? Eine Antwort würde ich in folgender Richtung suchen: »Passt« es, d. h., ist es stimmig im Gesamten des liturgischen Vollzugs? Und: Ist es in der Lage, eine Gemeinschaft in der Anbetung vor Gott zusammenzuführen?
[10] https://www.zeit.de/2024/21/kirche-gottesdienst-abschaffen-sonntag-religion/komplettansicht.

mit 35 Jahren gleichaltrig mit Hanna Jacobs, promovierter Theologe. Das Foto zeigt einen smarten jungen Mann in Barbour-Jacke mit akkuratem Seitenscheitel. Justus Geilhufe ist einer jener gegen den Trend erfolgreichen Gemeindepfarrer. Mit traditionell liturgischem Gottesdienst erreicht er eine große Gemeinde im mehrheitlich atheistischen Umfeld in Sachsen. Er plädiert für den Gottesdienst als Normalfall in einer Kirche, die ganz konsequent dort den Habitus einer bürgerlichen Normalität pflegt, wo zwei aufeinander folgende Diktaturen das Projekt verfolgten, das Bürgertum als Lebensform zu zerschlagen. Mit einem pervasiven Atheismus, so Geilhufe, ist schlicht zu rechnen, aber gerade in Ostdeutschland seien die Restbestände an Bürgerlichkeit der Humus, aus dem kirchliches Leben gedeihen könne: bürgerliche Normalkultur als hippe Counter-Culture.[11]

Auf den ersten Blick stehen Jacobs und Geilhufe für ganz unterschiedliche soziale Phänotypen und Kirchenbilder und doch stehen beide viel näher beieinander, als man zunächst meint: Beide nutzen die Spielräume, die sie haben, suchen die Bedingungen zu verstehen, unter denen ihr Dienst stattfindet. Beide explorieren: Wie weit kommen wir?

5. Noch einmal: Not, Präsenz, Dienst

Was kann nun all dies für den Dienst der Bruderschaft heißen? Ein bisschen Blumengärtchen und Museum ist gut und muss sein. Wenn damit aber die Geste des Rückzugs aus den Maschinenräumen, den Arenen und Konfliktfeldern der Gegenwart verbunden wäre, führt der Weg in die Irre. Nötig ist eine energische Zeitgenossenschaft. Der Niedergang der überkommenen Gestalten von Kirche und Religiosität ist eine tatsächliche Not, da geht etwas unerhört Kostbares dahin, das tut weh und es hinterlässt in der Textur unserer Gesellschaft eine klaffende Lücke. Umso wichtiger ist es, die Spielräume zu entdecken und zu nutzen und diese Spielräume sind erheblich. Es gibt keine Moderne im Singular, keine monolithische »technisch-wissenschaftliche Zivilisation«, die normative Kraft hat, an die sich alles angleichen müsste, und gegen die man sich nur mit dem Rückzug in Festungen der Tradition verteidigen könne. Die Gegenwart ist von zahllosen Bruchlinien und Fissuren durchzogen, durch welche das Licht der Transzendenzerfahrung leuchtet.

Der Nürnberger Theologe Ralf Frisch hat diese Zeitdiagnose aufgenommen und in einer ganzen Reihe von Büchern die Kon-

---

[11] Justus Geilhufe, Die atheistische Gesellschaft und ihre Kirche, München 2024.

turen einer postsäkularen Theologie entwickelt.[12] Seine These ist: Es gibt nicht mehr die eine große in sich geschlossene Erzählung der Moderne, aber auch nicht mehr die eine romantische Erzählung der einen in sich fest gefügten antimodernen Tradition. Es gibt einen Plural der Gegenerzählungen, die eine geschlossene Säkularität aufbrechen und Alternativen für Leben und Sterben aufzeigen. Sie schaffen in der Buchstabensuppe der Wirklichkeit Möglichkeiten der Beschreibung, des Verstehens, der Deutung, die über die halbierten rationalistischen Ontologien hinausgehen und in die wir einzelnen Menschen und kleinen Gemeinschaften uns einbetten können.

Da gibt es nun, nach dem Gärtchen und dem Museum, eine dritte Metapher, die mir gefällt: Diejenige des Kapitells. In den großen Kathedralen des Mittelalters gibt es die in kunstvoller Steinmetzarbeit zugerichteten Kapitelle, die in solcher Höhe angebracht sind, dass kein menschliches Auge die Feinheit ihrer Ausführung würdigen kann. Für wen sind diese Kapitelle gemacht? Offensichtlich entziehen sich diese Kapitelle der utilitaristischen Logik der Wirksamkeit. Ja, Liturgie und Spiritualität haben ein Kriterium darin, dass sie Expressionen individueller und gemeinschaftlicher religiöser Praxis sind. Aber sie sind doch mehr. Sie sind das genaue Gegenteil strategischer Instrumente der organisationalen Selbsterhaltung, Gegenteil auch der Instagram-Logik, die das Geheime, sprich das »Private«, inszeniert und in die Öffentlichkeit zerrt. *Liturgie ist auch die Kunst der Diskretion.* In der »Not« der Gegenwart, genährt aus schwachen und starken Erfahrungen von Präsenz könnte genau das der wesentliche Dienst der Bruderschaft für die Kirche und in der »Welt« sein: die diskrete Kunst der Liturgie und der Spiritualität üben und auf den kulturellen Schlachtfeldern der Gegenwart präsent halten. Die Bruderschaft darf das ganz entspannt, ein bisschen ironisch und trotzdem streitbar und konfliktfähig – und natürlich in der durch und durch partikularen Gestalt tun, die ihrem geistlichen Kairos und ihrer Ursprungsvision entspricht. Ohne zu erwarten, dass alle so werden wie sie. Aber gerade darin ist sie und sind die anderen geistlichen Gemeinschaften für die Kirche so wichtig.

Dr. Roger Mielke, geb. 1964, ist Militärdekan am Zentrum Innere Führung der Bundeswehr in Koblenz und Bruder im Rheinisch-Westfälischen Konvent der Evangelischen Michaelsbruderschaft.

---

[12] Vgl. etwa: Ralf Frisch, Was können wir glauben. Eine Erinnerung an Gott und den Menschen, Stuttgart ²2019; Ders., Alles gut: Warum Karl Barths Theologie ihre beste Zeit noch vor sich hat, Zürich 2018.

Zum unverfügbaren Gott beten
Beten kontemplativ

von Wolfgang Max

Er aber sprach zu ihm: Kind (teknon), du bist allezeit (pantote) bei mir, und alles (panta), was mein ist, das ist dein. (Luk. 15,31)

Gott gibt. Gott gibt nicht etwas und behält etwas anderes. Er gibt alles. Er gibt sich (panta). Er gibt sich dem Kind, dem jüngeren und dem älteren Kind. Zu dem, das draußen steht, sagt er es: »Du bist allezeit bei mir.« Er gibt sich dem, der sich hineinverliert in die Welt – in liebender Sehnsucht – und er gibt sich in ebenderselben Liebe dem, der voller Vorwürfe draußen steht. Gott hat sich immer gegeben. Von Anfang der Schöpfung und des individuellen Lebens (pantote) und er bildet keine geheimen Rücklagen in eigener Sache (*panta*). Das ist der Horizont, in dem jedes Geschöpf leben und atmen kann. Wenn wir diese Einsicht zu einer theologischen Allerweltsweisheit machen, wird sie schön langweilig. Existenziell ins Leben genommen wird sie zum Trost, aus dem sich leben lässt, zur Brücke, die verbindet, zeitlich (pantote) und räumlich (panta), zur ethischen Herausforderung, denn es gilt auch umgekehrt, was mein, was des Kindes Gottes ist, ist Gottes. Beten ist Beten auf den hin, der sich gibt, mir und in die Welt hinein und dem ich mich überlasse. Wir beten mit Jesus und er betet in seinen Worten mit uns: »Vater, dein Name werde geheiligt. Dein Reich komme.« Dein – das Vaterunser ist ein Gebet des Überlassens, in dem unser Ergehen und das Ergehen der Anderen nicht ausgeschlossen ist. Auch in der kurzen Fassung nach Lukas ist das die Mitte des Gebets: »Unser tägliches Brot gib uns Tag für Tag« (Luk. 11,2 ff.).

Kontemplatives Beten ist Beten im Kontext der völligen Hingabe Gottes und der des armseligen Versuchs einer Hingabe des Menschen im Menschsein. Es ist gelassenes Beten, weil überlassendes Beten. Gelassenheit ist nicht eine Haltung von Fatalität, das scheinbar Unvereinbare findet sich: Einerseits die Welt Gottes Gott lassen und andererseits sie, weil sie Gabe des wirkenden Gottes ist, annehmen und ihn, Gott, für die Welt bedrängen, wie der sich seiner Verantwortung bewusste bittende Freund (Luk. 11, 5 ff.). Manchmal kann ich nicht anders, als sie ihm vor die Füße zu schmeißen. Ich schreibe diese Zeilen Anfang November 2023. Ich sitze auf meinem Meditationsbänkchen äußerlich schweigend,

Beten ist Beten auf den hin, der sich gibt, mir und in die Welt hinein und dem ich mich überlasse.

innerlich aufgewühlt. Im Schweigen lasse ich mich und diese Welt Ihm, auch meine Vorstellungen, wie er zu sein und was er zu tun hat: »Und daz ist die meiste ere, die die sele got tut, daz ist, daz sie got im selbe lazze und ste (si) sein ledik«[1]. Vielleicht kann man von leidenschaftlicher Gelassenheit und von gelassener Leidenschaft sprechen.

Das Beten im Versuch einer inneren Sammlung auf Gott hin bedarf nicht vieler Worte oder keiner. In aller Regel ist Beten ein Wort- und Klanggeschehen. Kontemplatives Beten jedoch ist (nahezu) wortlos. Es ist ein sich Hinhalten und nicht nur sich, sondern pars pro toto alles, was uns jeweils und gerade in der jeweiligen Situation besonders bewegt. Immer wieder mündet das Hinhalten im Schweigen. In meiner Tradition des Herzensgebets geschieht Beten mit dem Rhythmus des Atems. Mit dem Rhythmus des Atems verbindet sich ein kurzes Gebetswort, in das all das, was umtreibt, hineingelegt werden kann und aus dem ich die Zuwendung dessen annehme, der mich wissen lässt: Wie gläubig oder ungläubig du gerade sein magst, wie nah von mir oder fern, wieder drin, wie der Jüngere oder draußen, wie der Ältere, was dir im Kopf herumgeht und dich bedrängt: Kind, Du bist allezeit bei mir und alles, was mein ist, das ist Dein.

Es gibt ein Psalmwort, in dem das Gotteslob in der Stille geschieht: Ps. 65, 2: Gott, man lobt dich in der Stille zu Zion. Viele Übersetzungen folgen der Septuaginta und übersetzen wie auch Buber-Rosenzweig: »Dir ist Preisung geziemend«; nach der hebräischen Fassung ist hier jedoch wie bei Luther zu lesen: »Dir ist Schweigen Lob«[2]. »Während die Herrlichkeitskunde in Ps 19 in das Gotteslob der Tora einmündet ..., bleibt das Gotteslob in Ps 65 still. Es duldet nur die Worte, die den schweigenden Hymnus auf den vergebenden, rettenden und segnenden Gott in Tempel und Welt andeuten. Vielleicht ist die Theologie des Hymnus von Ps 65 verzichtbar extravagant. Vielleicht ist sie aber auch die theologisch unverzichtbare Tiefbohrung, die die Menschenworte des Gotteslobes begrenzt, indem sie ihnen die wortlosen Lobgesänge aus Gottes Welt beigesellt und durch sie eine neue Dimension der Preisung gewinnt, das himmlische Stillschweigen.«[3] Dem Wirken Gottes in manchmal schier nicht aushaltbarer Verborgenheit und Stille, entspräche das Lob – und das Gebet – in Stille und aus Schweigen.

Dem Wirken Gottes in manchmal schier nicht aushaltbarer Verborgenheit und Stille, entspräche das Lob – und das Gebet – in Stille und aus Schweigen.

---

[1] Meister Eckhart, zitiert nach Markus Vinzent, The Art of Detachment, Leuven u. a. 2011, 63, Anm. 62.
[2] Frank Lothar Hossfeld in: Hossfeld/Zenger, Die Psalmen II, Würzburg 2002, 212.
[3] Herrmann Speickermann, Schweigen und Beten, in: Frank-Lothar Hossfeld, Ludger Schwienhorst-Schönberger, Das Manna fällt auch heute noch, FS Erich Zenger, Freiburg 2004.

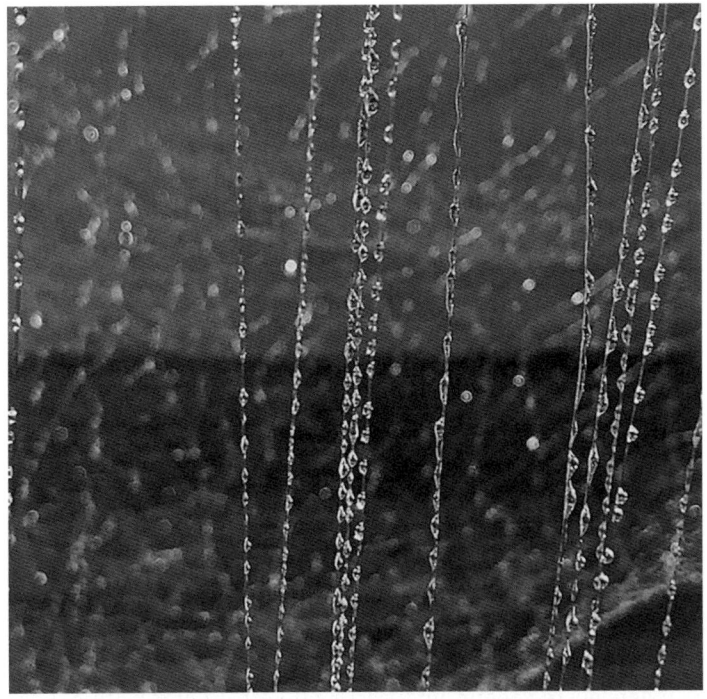

Foto: Rolf Gerlach

Praxishilfen beim kontemplativen Beten sind das ruhige Sitzen, wenn es der Körper zulässt, aufrecht auf einem Meditationskissen oder einem Taizébänkchen, ein geschützter Ort (Luk. 5,16; 11,1), aber auch die Gemeinschaft der Betenden. Simone Weil, Mystikerin aus dem Judentum, beobachtet, dass gemeinsames Beten zentripedale Kraft hat, während beim alleinigen Beten der Mensch leichter aus der Mitte gerissen wird. Dabei muss die Gemeinschaft nicht unbedingt und immer sichtbar sein. Es gibt ein gemeinsames Beten über Raum und Zeit hinweg.

Manchmal könnte es so aussehen, als ob kontemplativ Betende besonders abgehoben seien, vielleicht sogar herausragende geistliche Erfahrungen machen, oder machen wollen, jedoch erlebe ich die Gebetsweise als durchaus nüchtern und als alltagstauglich. In jeder Situation lässt sich mit Hilfe des Atems und Gebetsworts die Sammlung auf Gott hin suchen bzw. sich neu von ihm sammeln lassen. Viele Menschen haben besonders in Krisensituationen seine tragende Kraft erfahren, wenngleich sie nicht einfach verfügbar ist. Jedenfalls hält mich das Gebet auf dem Boden.

Bei meiner Tätigkeit in Pforzheim bin ich auf Meister Eckhard aufmerksam geworden. Er hat von seiner Tätigkeit in Straßburg aus wohl auch des Öfteren die Dominikanerinnen und Dominikaner in

Pforzheim besucht und in beiden Kirchen gepredigt und bei den Ordensversammlungen gelehrt. (Die eine Kirche hat bereits im 19. Jahrhundert weichen müssen, die andere hat der zweite Weltkrieg genommen. Die Dominikanerinnen wurden in der Folge der Einführung der Reformation in Pforzheim ins Kloster Kirchberg vertrieben. Sie waren allerdings in der Stadt wegen ihrer seelsorglichsozialen Arbeit sehr geschätzt.) In seinen Predigten und in seinen Reden an Ordensangehörige ruft Meister Eckhard zur Nüchternheit. Er sagt seinen Brüdern und Schwestern im Dominikanerorden und vielleicht auch der Pforzheimer Gemeinde zu Matth. 5,3, »Selig sind die Armen des Geistes, denn das Himmelreich ist ihrer«: »So quitt und ledig also sagen wir, soll der Mensch stehen, daß er nicht wisse, noch erkenne, dass Gott in ihm wirke und so kann der Mensch Armut besitzen.« In unser heutiges Deutsch übertragen hat die Predigt Dietmar Mieth. Er schreibt dazu: Auch hier ist »Bereitschaft« alles und »Erfahrung« nichts. Der arme Mensch ist nicht der schauende Mensch, sondern der seiende Mensch«[4].

»Her umbe so bite ich got, dass er mich ledic mache Gottes.«[5] Es geht Meister Eckhard nicht darum, Gott los, Gottlos zu werden. Selbstverständlich hat er bei seinen Visitationsreisen auch mit den Pforzheimer Dominikanern und Dominikanerinnen die Stundengebete gebetet und Messe gefeiert. Es geht darum, Gott Gott sein zu lassen, unverfügbar und doch vollkommene, sich schenkende Liebe, in deren dankbarem Empfangen der Mensch Mensch ist. Die Achtung des Bilderverbots und das Freigeben von Einbildungen, Vorstellungen, Gedanken und Wünschen ist geborgen in der jüdisch-christlichen Gebetstradition, der immer neuen Verinnerlichung biblischer Texte und v. a. des Lebens Christi, der den liebenden Vater bezeugt und der in seinen Worten mit und in uns betet.

Meister Eckhard sagt in einer Predigt zu Jes. 49,13 und Joh. 8,12: »Und ihm ist es so not, dir zu geben, daß er es nicht erwarten kann, sich *selbst* dir als Erstes zu geben. Gott ist in seiner Liebe zu uns so vertört(sic!), recht als habe er Himmelreich und Erdreich und alle seine Seligkeit und alle seine Gottheit vergessen und habe mit nichts zu tun als einzig mit mir, auf daß er mir alles gebe, was mich zu trösten vermöge. Und er gibt mir's ganz und gibt mir's vollkommen, gibt es im Lautersten und gibt es allzeit und gibt es allen Kreaturen«[6].

---

[4] Meister Eckhart, Einheit mit Gott, hg. v. Dietmar Mieth, Düsseldorf 2002, 152 bzw. 148.
[5] Vinzent, a. a. O., 82 Anm. 150.
[6] Meister Eckhart, Deutsche Predigten und Traktate, hg. u. übers. v. J. Quint, München/Wien [7]2007.

Die Literatur zum Thema ist unendlich. Genannt seien:

Aufrichtige Erzählungen eines russischen Pilgers, hg. v. Emmanuel Jungclaussen.

Sabine Bayreuther, Meditation, Konturen einer spirituellen Praxis in semiotischer Perspektive.

Franz Jalics, Kontemplative Exerzitien, Eine Einführung in die kontemplative Lebenshaltung und in das Jesusgebet.

Friso Melzer, Innerung, Wege und Stufen der Meditation.

Ralf Stolina, Niemand hat Gott je gesehen, Traktat über negative Theologie.

Beiträge des Vfs. finden sich verstreut, u. a. in GottesdienstPraxis, hg. v. Christian Schwarz, Serie B, Band kleine Rituale.

Wolfgang Max, Pfarrer em, zuletzt in der Klinikseelsorge am ehemals städtischen Klinikum (heute Helios) in Pforzheim. Die Ursprünge des Klinikums liegen in den Räumen des Dominikanerinnenklosters.

Adolph Freiherr von Knigge
»Über den Umgang mit Menschen«

– (k)eine Buchbesprechung

von Christian Schmidt

Der Name Knigge ist mehr als der Name eines Autors, er ist zum Synonym für »Ratgeber für gutes Benehmen« geworden. So gibt es eine Flut von Literatur mit vielerlei Ratschlägen, wie man sich »richtig« in allen möglichen sozialen Situationen und Interaktionen verhält. Diese meist an ein bürgerliches Publikum gerichteten Ratgeber sollen ihren Leserinnen und Lesern das Gefühl von sozialer Sicherheit geben durch konkrete Hinweise für alle möglichen Lebenssituationen. So wird heute »Der Knigge« als ein Begleiter und Wegweiser durch das – meist – bürgerliche Leben rezipiert. Jedoch wurde das Werk von Knigge im Laufe der Jahrzehnte immer weiter bearbeitet; das was heute unter Knigge publiziert wird, hat inhaltlich wenig bis nichts mehr mit dem ursprünglichen Werk zu tun.

Also Zeit, sich mit dem Original »Über den Umgang mit Menschen« aus dem Jahr 1790 zu beschäftigen und zu sehen, was uns dieses Werk heute auch im Kontext von regulierten geistlichen Gemeinschaften zu sagen hat.

Entstanden ist das Buch in einer Zeit, in der das Bürgertum sich gegenüber dem Adel emanzipiert und sich eine selbstbewusste bürgerliche Identität herausbildet. Knigge ist ein wacher Beobachter der Menschen und ihrer Verhaltensweisen und hält sich mit Kritik an seinen Mitmenschen (auch am Adel) nicht zurück, die politischen Verhältnisse aber stellt er nicht in Frage. Auch wenn viele Beschreibungen zeitlos sind, so atmet das Werk den Geist des achtzehnten Jahrhunderts samt seinen Vorurteilen, z. B. gegenüber Juden.

Generell geht es ihm darum, wie der bürgerliche Mensch das Leben zu meistern habe mit den Leittugenden Biederkeit, Bürgerlichkeit, Rechtschaffenheit und angemessenem Verhalten in Bezug zu seinen Mitmenschen.

Zum Zusammenleben entwirft er Vorschriften, wie der Mensch sich zu verhalten habe, um in dieser Welt und in Gesellschaft mit anderen Menschen glücklich und vergnügt zu leben und seinen Nebenmenschen glücklich und froh zu machen.

Knigge ist ein wacher Beobachter der Menschen und ihrer Verhaltensweisen [...].

Er beschreibt die damalige Diversität des deutschen Reiches mit seinen regionalen Sitten, Kleidungen und sozialen Ständen, er kritisiert soziale Zusammenkünfte mit Konversationen, in denen Außenstehende draußen bleiben, obwohl sie anwesend sind. Er fordert Respekt gegenüber dem Geringen und ihn treibt die Frage um, wie der angemessene Umgang mit Menschen aus allen Klassen, Ständen und Gegenden aussehen kann. So schreibt er: »die große Kunst des Umganges ist, [...] den Ton jeder Gesellschaft zu studieren und nach Gelegenheit annehmen zu können«.

Seine Gedanken zum sozialen Miteinander würde man heute mit den Worten Empathie, Respekt, Achtsamkeit und Toleranz beschreiben. Er fordert, die Schwachen zu schonen, soll nie auf unedle Art die Schwächen seiner Nebenmenschen enthüllen, um sich über sie zu erheben. Klatscherei und Konversation mit Spott und Zoten soll verbannt werden und wir sollen anderen nicht unsere Spezifika aufdrängen. Zur Religion sind seine Gedanken, dass man das respektieren soll, was des anderen ehrwürdig ist.

Manche seiner damaligen Zeitdiagnosen sind zeitlos: Kritik an der Macht des Geldes, übermäßigem Luxus, Prahlerei oder der Verachtung von sozial niedriger gestellten Menschen. Den Wohlhabenden rät er: »Sie sollten den Niedern Beispiel geben von Ordnung, Einfalt, Hinwegsetzung über steife Etikette und Mäßigkeit in Speise, Kleidung, Pracht, Bedienung, Hausrat und allen solchen Dingen«.

Knigge sucht Antworten auf die Frage nach einem gelingenden Zusammenleben in der damaligen sozial vielfältigen Gesellschaft – was eine zeitlose und somit aktuelle Frage ist. Mileus geben sich informelle Verhaltensregeln (»das gehört sich so«), Gesellschaften fragen nach dem gemeinsamen tragfähigen Grund und Staaten versuchen das Miteinander über Gesetze zu ordnen. In geistlichen Gemeinschaften helfen Regeln, das gemeinsame Leben milieu- und generationsübergreifend um eine geistliche Mitte zu ermöglichen. Ziel dieser allen Bemühungen ist es, das Zusammenleben zu ordnen, Hilfen zu geben, wenn keine Einigkeit herrscht, Unstimmigkeiten die Schärfe zu nehmen und soziale Konflikte zu entgiften.

Adolph Freiherr von Knigge kann uns hierzu zu einer Quelle der Inspiration werden. Sein Buch ist als Insel-Taschenbuch erhältlich (3394).

Knigge sucht Antworten auf die Frage nach einem gelingenden Zusammenleben in der damaligen sozial vielfältigen Gesellschaft – was eine zeitlose und somit aktuelle Frage ist.

Dipl. Ing. Christian Schmidt lebt in Köln und ist Diakon der Evangelischen Michaelsbruderschaft.

Bücher

Dickerhof, Bertram: Innehalten an Grenzen – Grenzen überwinden. Eine Grundlegung der Meditation. Würzburg: Echter-Verlag 2024. 325 S. EUR 29,90. ISBN 978-3-429-05950-7.

Vor 20 Jahren gründete Bertram Dickerhof SJ den »Jesus-Ashram« bei Hadamar, der nun als mobiles Netzwerk in Regionalgruppen zwischen Mecklenburg und München agiert. Menschen meditieren gemeinsam und teilen ihre Spiritualität. Das geschieht punktuell in eigenen Kursformaten, aber auch regelmäßig an verschiedenen Orten im deutschsprachigen Raum. Aus der Arbeit des Ashram entstanden mehrere Veröffentlichungen Dickerhofs, wie »Der spirituelle Weg. Eine christliche Lebensschule« (2016) und »Vom Lieben und vom Sterben. Auf der Suche nach dem Kern des Christlichen« (2021). Als Frucht der Jahreskurse in seinem Ashram veröffentlicht Dickerhof nun ein Buch, das zum Standardwerk für Meditierende werden kann.

Dickerhof empfiehlt die Meditation gerade in unserer bedrängten und von Krisen geschüttelten Zeit. »In dieser Situation der Verunsicherung und der Zukunftsangst ist Innehalten nötig« (20). Innehalten in der Form der Meditation eröffne die Möglichkeit zu kreativem Handeln jenseits von Verdrängung. Wie ein schützender Mantel schaffe die Meditation eine kleine Distanz, die zu veränderter Wahrnehmung führen könne, zu Selbsterkenntnis, Selbstbewusstsein und Selbstvertrauen helfe. Kreative Problemlösungen, innere Freiheit und Beziehungsfähigkeit werden gestärkt, die Kraft zur Resilienz wächst. Der Mensch wird aus seiner »Idiopolis« befreit – eine gelungene Wortschöpfung, schon früher von Dickerhof benutzt, die das Kreisen des Menschen um sich selbst und seine kleinen Kreise umschreibt.

Unter dem Titel »Basics der Meditationsübung« gibt Dickerhof gut zusammengefasste Grundlagen weiter unter den Überschriften: »Sich nach innen richten«, »aufhören, zu denken«, »aufhören, etwas zu wollen oder zu erstreben« und »sich öffnen für Grenzerfahrungen«.

Dickerhofs praktische Empfehlungen sind für den Anfänger wertvoll, können aber auch dem Fortgeschrittenen Hilfen zur Überprüfung der eigenen Praxis geben. Da geht es in großer Freiheit und ohne unnötige Festlegungen um den Sitz des Meditierenden, den Zeitraum der Meditation, den Atem, mögliche Bewusstseinsphänomene in der Meditationszeit, das Annehmen von Grenzerfahrungen und die Absichtslosigkeit.

Dickerhof verknüpft die Stillemeditation mit einer Schriftbetrachtung. Dafür bietet er in seinem Buch Texte für die 53 Wochen des Jahres, in denen ein freier Text aus unterschiedlichen religiösen Traditionen einem Bibelabschnitt gegenübergestellt wird. In der ersten Hälfte einer Woche wird der freie Text betrachtet, in der zweiten der Bibelabschnitt. Beim Lesen wiegt man die Worte und hält bei dem inne, was anspricht oder herausfordert. In einem letzten Teil bietet Dickerhof Kommentare zu der Textauswahl, die aber erst am Ende der einzelnen Wochen gelesen werden sollten.

So ist Dickerhofs neuestes Buch keine bloß theoretische Anleitung. Es ist eine Einladung, mit diesem Buch zu arbeiten, zur Meditation zu finden oder die eigene Meditationspraxis darin zu spiegeln und Neues zu entdecken. Es ist ihm eine große Leserschaft zu wünschen.

Heiko Wulfert

Heymel, Michael: Woran glaubst du? Evangelischer Glaube im Gespräch. Leipzig: Evangelische Verlagsanstalt 2021. 256 S., EUR 25. ISBN 978-3-374-070336.

Ein »Elementarbuch des christlichen Glaubens« (5) legt der Praktische Theologe Michael Heymel vor. Er möchte auf die Frage antworten »Woran glauben Christen – und woran nicht?« und dazu ermutigen, über den eigenen Glauben Rechenschaft zu geben und zu erklären, was es ganz praktisch bedeutet, als Christ zu leben. Genau dies sei in der Gegenwart diffus geworden. Die überkommenen Glaubensaussagen des Christentums sind schon längst in einen »Sog des Relativismus« gezogen worden (5). Eine Suche nach dem tragenden Grund kann dabei nicht zu einer Rückkehr zu einem vormodernen Christentum führen (211), wohl aber den Sinn für das notwendig Unzeitgemäße des christlichen Glaubens stärken. Der zeitgenössische Trend in den Gesellschaften des alten »Westens« zum Säkularismus, zu Individualisierung und »Patchwork- oder Do-it-yourself-Religiosität« (39) ist illusionslos und unsentimental zu akzeptieren. Heymel konstatiert: »Das Christentum wird zunehmend enttraditionalisiert und deinstitutionalisiert, es ›verflüssigt‹ sich.« (39) Eine Folge ist: Die kirchlichen Organisationen werden sich tiefgreifend wandeln müssen, um einen neuen Zugang zu authentisch christlicher Erfahrung nicht zu verstellen, sondern vielmehr neu zu ermöglichen. Entscheidend wird dabei sein, aus den engen Grenzen des westlich geprägten Christentums auszubrechen. Die globale Ökumene ist ein wichtiger Faktor und eine Ressource der Transformation. Denn in den Gesellschaften des globalen Südens wächst das Christentum. Aber es wächst in anderer Gestalt: als junges, pfingstlich-charismatisch geprägtes Christentum, nicht verformt durch ein rationalistisch halbiertes Wirklichkeitsverständnis, sondern offen für spirituelle Praktiken und Phänomene wie Prophetie, Heilung und übernatürliche Mächte und Gewalten. Für westliche Christen ist dies einerseits eine Herausforderung, andererseits aber auch eine Chance, die Fixierung auf ein Selbstbild des Niedergangs zu überwinden. Denn, so Heymel, die Suche nach Spiritualität und Sinn ist groß. Es gilt, diese Suche aufzunehmen und Menschen in eine Erfahrung der Begegnung mit Jesus Christus, dem Lebendigen, zu begleiten. Hier ist der eigentliche Ort des christlichen Glaubens, wie er in den großen Begegnungsgeschichten der Evangelien beschrieben wird: »Christsein bedeutet, einen bestimmten Weg mit Jesus gehen zu lernen.« (22) Man lernt es, diesen Weg zu gehen, so Heymel weiter, wenn andere Christenmenschen mit ihrem eigenen Weg und Leben dafür zu »Zeugen« werden. Erfahrungen der Begegnung mit Jesu und die Begegnungen mit den Menschen, die zu ihm, zu seiner Gemeinde, gehören sind untrennbar miteinander verbunden. Für den Autor verbinden sich eine Unmittelbarkeit der Begegnung mit Jesus, die Vermittlung durch glaubwürdige Gemeinschaft und eine behutsame hermeneutische Reflexion der biblischen Grundlagen, christlichen Glaubenszeugnisse und geschichtlichen Verwirklichungsgestalten des Christentums. Die reformatorische Prägung dieses Zugangs wird ausgewiesen.

Michael Heymel entfaltet diesen ebenso kritischen wir konstruktiven Zugang mit einem Gang durch den elementaren Gehalt des christlichen Glaubens. Dieser Gang ist in durchaus konventioneller Weise angelehnt an die Systematik des Kleinen Katechismus Martin Luthers. Wo dort der Kleine Katechismus mit dem »Ersten Hauptstück« der Zehn Gebote einsetzt, beginnt Heymel mit dem Glaubensbekenntnis (das »Zweite Hauptstück« des Lutherischen Katechismus), das von den biblischen Ursprüngen des »Kyrios Jesous« (1. Kor 12,3 u. ö.) her entfaltet wird. (46–92). Es schließen sich an: Das Kirchenjahr (93–103), Die Heilige Schrift (104–115) und der Gottesdienst (117–123). Es folgen die »Zehn Gebote« (124–144, das »Erste Hauptstück« bei Luther) und eine »Kleine Gebetslehre«, in der das Vaterunser (Luthers »Drittes Hauptstück«) in ein gelungenes Gespräch gebracht wird mit der jüdischen Gebetserfahrung eines Abraham J. Heschel und mit Luthers Brief an Meister Peter über eine »einfältige Weise zu beten«. Eine knappe

Einführung in den Psalter (145–159) schließt diesen Abschnitt. An der Scharnierstelle zwischen Gebet und Taufe fügt Heymel eine Reflexion über das »Mandylion« von Edessa ein, die berühmte Darstellung des Antlitzes Christi, deren Geheimnis darin liegt, dass nicht der Betrachter das Bild anschaut, sondern vielmehr aus dem Bild heraus Christus auf den Betrachter schaut. Genau hier kann dann der Abschnitt von der Taufe ansetzen (167–168), an den sich, wieder der Katechismussystematik folgend, die Abschnitte zum Abendmahl (179–191) und zur Beichte (192–199) anschließen. Knappe Ausführungen zum künftigen Weg der Christenheit (200–217) und eine Sammlung von Bekenntnistexten schließen den Band (218–241). Jeder einzelne Abschnitt orientiert sehr knapp über historische Zusammenhänge, spitzt dann allerdings auf die persönliche existentielle Fragestellung hin zu. Fragen zum Gespräch in Hauskreisen und Gemeindegruppen runden jeden Abschnitt ab, so dass das Büchlein auch mit großem Gewinn in Gemeinschaft gelesen und diskutiert werden kann.

Einiges Grundsätzliche ist noch hervorzuheben: 1. Heymels Buch verbindet in glücklicher Weise den Bezug auf persönliche Erfahrung mit Gemeinschaftsorientierung und hermeneutischer Reflexion. Das Buch ist durchgehend dialogisch aufgebaut und verbindet die leisen Töne einer suchenden Spiritualität mit dem »assertorischen«, dem vergewissernden Charakter des Glaubens. 2. Immer wieder wird Bezug auf Praktiken des Glaubens genommen: auf Gebet, Schriftlesung, besonders auch, den Forschungsinteressen des Autors folgend, auf die Lieder des Evangelischen Gesangbuchs. 3. Der Autor betont durchgehend die Verwurzelung der Gestalt Jesu und des christlichen Glaubens in jüdischer Glaubenspraxis und Glaubenserfahrung.

Das Buch ist empfehlenswert, weil es dazu ermutigt, dem christlichen Glauben auch heute noch und auch in unseren westlichen Gesellschaften eine »transformierende und integrierende Kraft im Denken und im Tun« zuzutrauen (206) und von hier aus auch den notwendigen Gestaltwandel der Kirche zu verstehen. Eine knappe Meditation zum alten ekklesiologischen Bild des Schiffs und zum Evangelium von der Sturmstillung gibt einen »Ausblick« auf die Zukunft der Kirche und des Glaubens: »Der HERR, dem Wind und Meer gehorchen, ist mit uns an Bord. Er schläft und macht uns vor, was Glaube ist: sich auch im Sturm als der liebe Sohn ganz dem Vater anvertrauen und sich auf die anderen verlassen. Der Herr der Kirche ist der, der uns auf hoher See das Ruder überlässt. Der uns zutraut, dass wir selber das Ziel – Gottes Hafen – erreichen.« (217)

Roger Mielke

Bätzing, Georg: Rom ist kein Gegner. Warum die Kirche Reformen braucht. Freiburg-Basel-Wien: Herder 2024. 128 S., EUR 19. ISBN 978-3-451-10271-4.

Für Bischof Georg Bätzing ist Rom kein Gegner. In einem Interview mit Stefan Orth, dem Chefredakteur der Herder-Korrespondenz, beschreibt der Vorsitzende der deutschen Bischofskonferenz seinen Werdegang, die Schwerpunkte seines Wirkens und die Perspektiven für den Weg der katholischen Kirche in die Zukunft.

Seine spirituelle Heimat sieht Bätzing in der Feier der Messe. Sie ist die Quelle seiner Berufung und die regelmäßige Feier der Messe mit einer gottesdienstlichen Gemeinde ist ihm ein Bedürfnis. Die Bewahrung der sakramentalen Struktur der Kirche ist nötig, »dass Gottes Unmittelbarkeit zu uns Menschen sich vermittelt in Zeichen, in Personen, in Worten, in Handlungen, in Ritualen, in einer geübten Praxis, die mein Leben prägt« (10). Dabei sieht Bätzing einen Unterschied zu den protestantischen Kirchen, denen diese sakramentale Mitte seiner Wahrnehmung nach fehlt: »Dass die evangelische Kirche das sakramentale Amt aufgegeben hat, ist eine der großen Wunden, die das Verhältnis zwischen den beiden großen Konfessionen belasten« (31) – das dürfen Protestanten auch als Impuls zum Nachdenken über ihr Selbstverständnis als Kirche verstehen.

Wichtiger theologischer Lehrer für Bätzing war Hans Urs von Balthasar, der ihn auch ermutigte, seine Diplomarbeit über die Eucharistie als Opfer der Kirche herauszugeben. In der eigenen Ausbildung zum Priester und als Regens vertiefen sich die Gedanken über die Bedeutung des priesterlichen Amtes: »Eine katholische Kirche ohne Priester ist undenkbar. Was die Menschen am katholischen Glauben schätzen, ist die vermittelte Unmittelbarkeit, Zeichen der Nähe Gottes« (30).

Dem gegenüber stehen die Probleme der Gegenwart: Priestermangel, Austrittswelle, Vergrößerung von Verwaltungseinheiten. Ein Umdenken in der Beziehung zwischen Leitung der Pfarreien und priesterlichem Dienst ist nötig. Hier sieht Bätzing auf die hohe Zahl von Männern und Frauen, die sich in der Kirche professionell und mit Überzeugung engagieren. Als Bischof spricht er von dem Bewusstsein, »was andere alles in delegierter Vollmacht hochkompetent erledigen müssen, damit das Bischofsamt gelingt« (43). Der Bischof selbst kann dabei unter den Bedingungen der Gegenwart nicht mehr unbedingt mit sofortigem Vertrauen seiner Herde rechnen. Bätzing wollte sich, gerade als Nachfolger von Bischof Tebartz-van Elst, dieses Vertrauen von Anfang an verdienen – was ihm in Limburg zurecht hoch angerechnet wird.

Das Bistum Limburg erscheint auch in gewissem Sinne als Erprobungsraum für den synodalen Weg. Bätzings Fähigkeiten, Menschen entsprechend ihrer Begabungen einzusetzen, Prozesse weise zu moderieren, ohne durch Machtworte Grenzen aufzubauen, wurde hier immer wieder erprobt. Er betont, dass »der Bischof sich nicht aus der Beratung ausklinkt, sondern von Anfang an mitspielen, sich kenntlich machen und zeigen muss, seine Argumente darlegen und sich möglicherweise von Veränderungen überzeugen lassen muss« (56). Dabei bleiben auch kirchliche Prozesse immer geistliche Prozesse, nichts ist eine bloß äußere Strukturfrage. Der Dialog ist unumgänglich nötig, schweigende Opposition ist schwer erträglich. »Nichts bewegen ist keine Alternative, und kein Streit ist auch keine Alternative« (64).

Der Missbrauchsskandal bedeutet für alle Kirchen einen schweren Einschnitt. Bätzing hält fest: »Eine fehlende Gewaltenteilung, also die nicht kontrollierte, nicht transparente Ausübung von Autorität und Macht ist eine Bedingung für den fließenden Übergang von unausgewogenen Balancen in seelsorgerlichen Beziehungen zu sexualisierter Gewalt« (80). Der synodale Weg der Kirche braucht Beratungsprozesse und Diskussionen, macht die Entscheidungen auf breiter Grundlage aber transparent. Veränderungen sind dabei nötig. Als Beispiele werden der Umgang mit Homosexuellen und die Frage der Beteiligung von Frauen am geistlichen Amt genannt. Dazu Bätzing: »Seit Jahren ist für mich die Frauenfrage in der katholischen Kirche die entscheidende Zukunftsfrage« (89). Nötig ist nach seiner Meinung eine neue »Hermeneutik von Einheit«, die auf dem Grund katholischer Lehre die Weite der Erfahrungen und Entwicklungen des Gottesvolkes beachten muss.

Das hat natürlich auch wichtige Auswirkungen auf den Prozess der Ökumene, in dem die gemeinsame Feier des Heiligen Mahles als klares Ziel gesehen wird, für das Lehre und Praxis des ersten christlichen Jahrtausends wegweisend sein können, etwa für die Vertiefung der Frage nach Amt und Eucharistie: »Es geht um die Praxis, wie wir das Amt leben und ausüben beziehungsweise wie wir die Eucharistie feiern und daraus leben. Mit welcher Hochachtung, Wertschätzung, mit welchem Respekt vor dem Handeln Christi und seiner Kirche tun wir das?« (95). Trotz mancher Unterschiede und offener Diskussionspunkte sieht Bätzing zwischen den Konfessionen Einheit als eine Realität, die bereits größer ist, als manche glauben.

In der Auseinandersetzung mit Rom will Bätzing nicht von Gegnerschaft sprechen: »Rom ist kein Gegner. Rom ist mehr wie Familie, in der es natürlich auch immer wieder zu Auseinandersetzungen kommt« (103). Papst Franziskus selbst geht es um den Synodalen Weg, doch obwohl er eine Zeit in Deutschland verbracht hat, steht er dem deutschen Katholizismus nach Bätzings Meinung mit etwas Fremdheit gegenüber. Dennoch versuche er, den Deutschen in seinen Aussagen nahezukommen.

Hoffnungen verbindet Bätzing mit dem Erlebnis der Weltsynode. Unterschiedliche Prägungen und ehrliches Bemühen bestimmen den Austausch. Man ist sich darüber klar, »dass Veränderungen nötig sind, weil es Notwendigkeiten im geschichtlichen Gang der Kirche als ecclesia semper reformanda sind« (109). In der Vielstimmigkeit des Weltkatholizismus folgt man dem Hören auf den einen geoffenbarten Glauben.

Das Interview schließt mit einem Ausblick in die Zukunft, der von zuversichtlicher Hoffnung geprägt ist. Reformen seien nötig, ohne sie verschärfe sich die bestehende Krise. Einer Kirche, die die Vielfalt der Lebenswelt sieht und annimmt, gehört die Zukunft. Bätzing betont: »Wir können Glaubwürdigkeit nicht zurückgewinnen. Wir können sie nur neu initiieren, indem wir glaubwürdig sind« (120). Positive Trends sind vorhanden, auch wenn erhebliche Auseinandersetzungen und das Ringen um Prioritäten nicht ausbleiben können. Wie etwa kann man bei ausbleibenden Ressourcen den seelsorgerlichen Kontakt zum Einzelnen bewahren und den Nahraum vor Ort versorgen? Wie müssen Zentren geistlicher Angebote aussehen? Wie lässt sich die emotionale Bindung zur Kirche überzeugend leben in Gemeinde, der Caritas und auf der Ebene der Diözesen und der Bischofskonferenz?

Die Ähnlichkeiten in den Problemlagen der großen deutschen Kirchen sind offensichtlich. Darin liegen Chancen auch für die Ökumene. Und dazu ist der Mut und die Zuversicht von Bischof Bätzing ein Vorbild: »Wir brauchen nicht zu verzagen, es geht voran. Und ER geht mit« (126).

Heiko Wulfert

Adressen

der Mitarbeiterinnen und Mitarbeiter:

Pf. i. R. Wolfgang Max, Albert-Einstein-Str. 3, 75015 Bretten, pfr.max@t-online.de • Militärdekan Dr. Roger Mielke, Kunosteinstr. 5, 56566 Neuwied, rogmie@googlemail.com • Pf. i. R. Udo Molinari, Goethestr. 9, 39615 Seehausen / Altmark, udo.molinari@web.de • Dr. Horst Stephan Neues, Pestalozzistr. 9, 41468 Neuss, horststephanneues@web.de • Dr. Ulrich Ott, Bender Institute of Neuroimaging, Justus-Liebig-Universität Gießen, Otto-Behaghel-Str. 10 H, 35394 Gießen, mail@ulrichott.com • Dipl. Ing. Christian Schmidt, Deutz-Müllheimer Str. 262b, 51063 Köln, Christina.Schmidt@michaelsbruderschaft.de • Dr. Christiane Stößel, Ludwigstr. 1b, 97070 Würzburg, drcstoessel@gmail.com • Pf. R Mag. Dr. Ingrid Vogel, Johann Blobner Gasse 2/1, A 1120 Wien, ingrid.vogel@evang.at • Pf. i. R. Dr. Heiko Wulfert, Panröder Str. 40, 65558 Burgschwalbach, hwulfert@gmx.net

Das Thema des nächsten Heftes wird »Erneuerung« sein.

Quatember
Vierteljahreshefte für Erneuerung und Einheit der Kirche
Herausgegeben von
Dr. Sabine Bayreuther, Matthias Gössling und Roger Mielke
im Auftrag der Evangelischen Michaelsbruderschaft, des Berneuchener Dienstes und der Gemeinschaft St. Michael
Schriftleitung
Heiko Wulfert
Manuskripte bitte an:
Dr. Heiko Wulfert · Panröder Straße 40 · D-65558 Burgschwalbach, Telefon (0 64 30) 9 25 53 70, (01 51) 55 58 24 44 · hwulfert@gmx.net
Edition Stauda
Evangelische Verlagsanstalt GmbH, Leipzig
88. Jahrgang 2024, Heft 3

Bestellungen

Mitglieder der Evangelischen Michaelsbruderschaft, der Gemeinschaft St. Michael sowie des Berneuchener Dienstes richten ihre Bestellungen ebenso wie alle Änderungen nur an ihre jeweilige Gemeinschaft.
Nichtmitglieder richten ihre Bestellungen ebenso wie alle Änderungen nur an den Bestellservice oder an den Buch- und Zeitschriftenhandel. Abos können zum Jahresende mit einer Frist von einem Monat beim Bestellservice gekündigt werden.

Vertrieb: Evangelische Verlagsanstalt GmbH · Blumenstraße 76 · 04155 Leipzig
Bestellservice: Leipziger Kommissions- und Großbuchhandelsgesellschaft (LKG) · An der Südspitze 1–12 · 04579 Espenhain
Tel. +49 34206 65235 · Fax +49 34206 65710
E-Mail: KS-team04@lkg.eu

Preis inkl. MwSt. zzgl. Versandkosten: Einzelheft: EUR 12,00, Fortsetzungsbezug möglich. Die Fortsetzung läuft immer unbefristet, ist aber jederzeit kündbar.

Covergestaltung: Kai-Michael Gustmann, Leipzig
Satz: druckhaus köthen GmbH & Co. KG, Köthen
Druck: MUNDSCHENK Druck + Medien, Lutherstadt Wittenberg

© 2024 by Evangelische Verlagsanstalt GmbH · Leipzig
Printed in Germany

Das Werk einschließlich aller seiner Teile ist urheberrechtlich geschützt. Jede Verwertung außerhalb der Grenzen des Urheberrechtsgesetzes ist ohne Zustimmung des Verlags unzulässig und strafbar. Das gilt insbesondere für Vervielfältigungen, Übersetzungen, Mikroverfilmungen und die Einspeicherung und Verarbeitung in elektronischen Systemen.

Das Heft wurde auf alterungsbeständigem Papier gedruckt.
ISSN 0341-9494

ISBN Print 978-3-374-07640-6 · eISBN (PDF) 978-3-374-07738-0

www.eva-leipzig.de